İTALYAN TARİFLERİM 2022

BÖLGESEL VE GELENEKSEL TARİFLER

BURKU KARA

İTALYA'YA HOŞ GELDİNİZ!!!

İÇİNDEKİLER

Patates, Sarımsak ve Biberiye ile Kuzu But 9

Limonlu, Otlu ve Sarımsaklı Kuzu Budu 12

Kızarmış kuzu ile doldurulmuş kabak 15

Beyaz Şarap ve Otlar ile Tavşan 18

Zeytinli Tavşan 21

Tavşan, Porchetta Tarzı 24

Domatesli Tavşan 27

Tatlı ve ekşi haşlanmış tavşan 29

Patatesli Kızarmış Tavşan 32

marine edilmiş enginar 35

Roma enginarları 37

kızarmış enginar 39

Enginar, Yahudi Usulü 41

Roma Baharı Sebze Yahni 44

Çıtır enginar kalpleri 46

Enginar dolması 49

Sicilya Usulü Enginar Dolması 52

Kuşkonmaz "tavada" 55

Yağlı ve Sirkeli Kuşkonmaz 57

Limon Tereyağı ile Kuşkonmaz 59

Çeşitli soslar ile kuşkonmaz ... 61

Kapari soslu ve yumurtalı kuşkonmaz ... 63

Parmesan ve Tereyağı ile Kuşkonmaz ... 65

Kuşkonmaz ve Prosciutto Paketleri ... 67

kavrulmuş Kuşkonmaz ... 69

Zabaglione içinde kuşkonmaz ... 71

Taleggio ve Çam Fıstığı ile Kuşkonmaz ... 74

kuşkonmaz timbale ... 77

Ülke Tarzı Fasulye ... 80

Toskana fasulyesi ... 82

fasulye salatası ... 85

Fasulye ve Lahana ... 87

Domates ve Adaçayı Soslu Fasulye ... 89

nohut yahnisi ... 91

Acı Sebzeli Bakla ... 93

Taze bakla, Roma usulü ... 96

Taze bakla, Umbria tarzı ... 98

Yağlı ve Limonlu Brokoli ... 100

Brokoli, Parma Tarzı ... 102

Sarımsak ve acı biber ile brokoli rabe ... 104

Prosciutto ile Brokoli ... 106

Brokoli Rabe ile Ekmek Isırıkları ... 108

Pastırma ve domates ile brokoli rabe 110

Küçük Sebzeli Kekler 112

kızarmış karnabahar 114

Ezilmiş Karnıbahar 117

Karnabahar Kızartması 119

boğulmuş karnabahar 121

Maydanoz ve Soğanlı Karnabahar 123

tereyağı halkaları 125

limon düğümleri 128

baharatlı kurabiye 132

gofret kurabiyeleri 134

tatlı mantı 138

"Çirkin ama iyi" kurabiyeler 141

reçel yerleri 143

Ceviz ve duble çikolatalı bisküvi 146

çikolata öpücükleri 149

Fırında Çikolatalı Salamsız 152

Bisküvi Prato 154

Umbrian meyve ve fındık bisküvi 157

cevizli ve limonlu bisküvi 160

cevizli bisküvi 163

bademli makarna 166

Çam fıstıklı makarna 169

fındık çubukları 171

Fındıklı Kurabiye 173

gökkuşağı kurabiyeleri 175

Noel İncir Kurabiyeleri 180

kırılgan badem 185

Sicilya Cevizli Rulolar 187

Bisküvi 190

narenciye keki 193

Limonlu ve zeytinyağlı kek 196

mermer kek 199

Romlu kek 203

büyükanne pastası 207

Kayısı ve bademli kek 211

yaz meyveli tart 215

Patates, Sarımsak ve Biberiye ile Kuzu But

Agnello al Forno

6 porsiyon yapar

İtalyanlar bu kuzuyu iyi pişmiş olarak servis ederler, ancak bence en iyi tadı orta derecede nadir olduğunda, yani anında okunan bir termometrede yaklaşık 130 ° F. Kuzu kavurduktan sonra dinlenmeye bırakın, böylece meyve suları etin ortasına çekilme şansı bulur.

6 adet çok amaçlı patates, soyulmuş ve 1 inçlik parçalar halinde kesilmiş

3 yemek kaşığı zeytinyağı

Tuz ve taze çekilmiş karabiber

1 kemikli kuzu budu, kesilmiş (yaklaşık 5 1/2 pound)

6 diş ince kıyılmış sarımsak

2 yemek kaşığı doğranmış taze biberiye

1.Fırının ortasına bir raf yerleştirin. Fırını 350°F'ye önceden ısıtın. Patatesleri, etleri ve patatesleri kalabalık olmayacak kadar büyük bir kızartma tavasına yerleştirin. Tat vermek için yağ, tuz ve karabiber ile atın.

iki.Küçük bir bıçakla kuzunun her yerinde sığ kesimler yapın. Sarımsak ve biberiyenin bir kısmını yuvalara yerleştirin, bir kısmını patatesler için ayırın. Eti bolca tuz ve karabiber serpin. Patatesleri ayırın ve eti yağlı tarafı yukarı gelecek şekilde ekleyin.

3.Tavayı fırına koyun ve 30 dakika pişirin. Patatesleri çevirin. Etin kemikten uzakta, en kalın kısmına yerleştirilmiş anında okunan bir termometrede 30 ila 45 dakika veya iç sıcaklık 130°F olana kadar ızgara yapın. Tavayı fırından çıkarın ve kuzuyu bir kesme tahtasına aktarın. Eti alüminyum folyo ile kaplayın. Kesmeden önce en az 15 dakika bekletin.

Dört.Patatesleri keskin bir bıçakla dürterek pişip pişmediğini kontrol edin. Daha fazla pişirmeleri gerekiyorsa, fırını 400°F'ye getirin, tavayı fırına geri koyun ve yumuşayana kadar pişirin.

5. Kuzu dilimler halinde kesin ve patateslerle birlikte sıcak servis yapın.

Limonlu, Otlu ve Sarımsaklı Kuzu Budu

agnello steccato

6 porsiyon yapar

Fesleğen, nane, sarımsak ve limon aromalı bu kuzu kavurma. Fırına girdikten sonra yapacak pek bir şey kalmıyor. Küçük bir akşam yemeği veya Pazar akşam yemeği için mükemmel bir yemektir. İsterseniz kızartma tavasına biraz patates, havuç, şalgam veya diğer kök sebzeleri ekleyin.

1 kuzu budu, iyi kesilmiş (yaklaşık 3 pound)

2 diş sarımsak

2 yemek kaşığı doğranmış taze fesleğen

1 yemek kaşığı kıyılmış taze nane

1/4 fincan taze rendelenmiş Pecorino Romano veya Parmigiano-Reggiano

1 çay kaşığı limon kabuğu rendesi

¹1/2 çay kaşığı kuru kekik

Tuz ve taze çekilmiş karabiber

2 yemek kaşığı zeytinyağı

1.Fırının ortasına bir raf yerleştirin. Fırını 425 ° F'ye ısıtın.

iki. Sarımsak, fesleğen ve naneyi ince ince kıyın. Küçük bir kapta peynir, limon kabuğu rendesi ve kekik ile karıştırın. Tatmak için 1 tatlı kaşığı tuz ve taze çekilmiş karabiber ekleyin. Küçük bir bıçak kullanarak et boyunca yaklaşık 3/4 inç derinliğinde kesimler yapın. Her yuvaya biraz bitki karışımı bırakın. Yağı etin her yerine sürün. 15 dakika kızartın.

3.Isıyı 350°F'ye düşürün. 1 saat daha uzun süre veya et orta derecede nadir olana ve iç sıcaklık en kalın kısma yerleştirilmiş, ancak kemiğe değmeyecek şekilde anında okunan bir termometrede 130°F'ye ulaşana kadar ızgara yapın.

Dört. Kuzuyu fırından çıkarın ve bir kesme tahtasına aktarın. Kuzuyu alüminyum folyo ile örtün ve oymadan önce 15 dakika dinlendirin. Sıcak servis yapın.

Kızarmış kuzu ile doldurulmuş kabak

Kabak Ripien

6 porsiyon yapar

Bir kuzu budu kalabalığı besler, ancak küçük bir akşam yemeğinden sonra genellikle yemek artıklarım olur. İşte o zaman bu lezzetli kabak dolması yapıyorum. Diğer pişmiş et türleri ve hatta kümes hayvanları ikame edilebilir.

2 ila 3 dilim (1/2 inç kalınlığında) İtalyan ekmeği

1 1/4 su bardağı süt

1 kilo pişmiş kuzu eti

2 büyük yumurta

2 yemek kaşığı doğranmış taze maydanoz

2 diş sarımsak ince kıyılmış

1/2 su bardağı taze rendelenmiş Pecorino Romano veya Parmigiano-Reggiano

Tuz ve taze çekilmiş karabiber

6 orta boy kabak, yıkanmış ve doğranmış

2 su bardağı domates sosu gibi marinara sosu

1. Fırının ortasına bir raf yerleştirin. Fırını 425 °F'ye ısıtın 13×9×2 inçlik bir fırın tepsisini yağlayın.

iki. Ekmeğin kabuğunu çıkarın ve ekmeği parçalara ayırın. (Yaklaşık 1 bardak almalısınız.) Parçaları orta boy bir kaba koyun, sütü dökün ve ıslanmasına izin verin.

3. Bir mutfak robotunda eti çok ince doğrayın. Büyük bir kaseye aktarın. Yumurta, maydanoz, sarımsak, ıslatılmış ekmek, 1/4 su bardağı peynir ve tadına göre tuz ve karabiber ekleyin. İyice karıştırın.

Dört. Kabakları uzunlamasına ortadan ikiye kesin. Tohumları ayıklayın. Kabakları et karışımıyla doldurun. Kabakları tavaya yan yana dizin. Üzerine sos dökün ve kalan peyniri serpin.

5. 35 ila 40 dakika veya dolgu pişene ve kabaklar yumuşayana kadar pişirin. Sıcak veya oda sıcaklığında servis yapın.

Beyaz Şarap ve Otlar ile Tavşan

Beyaz Şarap Coniglio

4 porsiyon yapar

Bu, siyah veya yeşil zeytin veya diğer otlar eklenerek değiştirilebilen temel bir Ligurya tavşanı tarifidir. Bu bölgedeki aşçılar, çam fıstığı, mantar veya enginar dahil olmak üzere birçok farklı şekilde tavşan hazırlar.

1 tavşan (21/2 ila 3 pound), 8 parçaya bölünmüş

Tuz ve taze çekilmiş karabiber

3 yemek kaşığı zeytinyağı

1 küçük soğan ince doğranmış

1 1/2 su bardağı ince doğranmış havuç

1 1/2 su bardağı ince doğranmış kereviz

1 yemek kaşığı doğranmış taze biberiye yaprağı

1 çay kaşığı doğranmış taze kekik

1 defne yaprağı

1 1/2 bardak kuru beyaz şarap

1 su bardağı tavuk suyu

1. Tavşan parçalarını durulayın ve kağıt havlularla kurulayın. Tuz ve karabiber serpin.

iki. Büyük bir tavada, yağı orta ateşte ısıtın. Tavşanı ekleyin ve her taraftan yaklaşık 15 dakika hafifçe kahverengileştirin.

3. Soğan, havuç, kereviz ve otları tavşan parçalarının etrafına yayın ve soğan yumuşayana kadar yaklaşık 5 dakika pişirin.

Dört. Şarabı ekleyin ve kaynatın. Sıvının çoğu buharlaşana kadar pişirin, yaklaşık 2 dakika. Et suyunu ekleyip kaynamaya bırakın. Isıyı en aza indirin. Tavayı kapatın ve tavşanı ara sıra maşayla çevirerek, çatalla delindiğinde yumuşayana kadar, yaklaşık 30 dakika pişirin.

5. Tavşanı servis tabağına aktarın. Örtün ve sıcak tutun. Isıyı artırın ve tava içeriğini azaltıp kalınlaşana kadar yaklaşık 2 dakika kaynatın. Defne yaprağını atın.

6. Tava içeriğini tavşanın üzerine dökün ve hemen servis yapın.

Zeytinli Tavşan

Coniglio alla Stimperata

4 porsiyon yapar

Kırmızı biber, yeşil zeytin ve kapari bu Sicilya usulü tavşan yemeğine lezzet katar. Alla stimperata terimi, anlamı belirsiz olmasına rağmen, çeşitli Sicilya tariflerine uygulanır. "Çözmek, seyreltmek veya karıştırmak" anlamına gelen ve tavşan yemek yaparken tencereye su eklenmesini ifade eden stemperare'den gelebilir.

1 tavşan (2 1/2 ila 3 pound), 8 parçaya bölünmüş

1 1/4 su bardağı zeytinyağı

3 diş kıyılmış sarımsak

1 su bardağı çekirdeksiz yeşil zeytin, durulanmış ve süzülmüş

2 adet kırmızı dolmalık biber, ince şeritler halinde kesilmiş

1 yemek kaşığı kapari, durulanmış

bir tutam kekik

Tuz ve taze çekilmiş karabiber

2 yemek kaşığı beyaz şarap sirkesi

1 1/2 su bardağı su

1. Tavşan parçalarını durulayın ve kağıt havlularla kurulayın.

iki. Büyük bir tavada, yağı orta ateşte ısıtın. Tavşanı ekleyin ve parçaları her taraftan yaklaşık 15 dakika iyice kızartın. Tavşan parçalarını bir tabağa aktarın.

3. Sarımsakları tavaya ekleyin ve 1 dakika pişirin. Zeytin, dolmalık biber, kapari ve kekik ekleyin. 2 dakika karıştırarak pişirin.

Dört. Tavşanı tavaya geri koyun. Tatmak için tuz ve karabiber ile tatlandırın. Sirke ve suyu ekleyip kaynamaya bırakın. Isıyı en aza indirin. Örtün ve pişirin, ara sıra tavşanı çevirin, bir çatalla delindiğinde yumuşayana kadar, yaklaşık 30 dakika. Sıvı buharlaşırsa biraz su ekleyin. Servis tabağına alıp sıcak servis yapın.

Tavşan, Porchetta Tarzı

Porchetta'daki Coniglio

4 porsiyon yapar

Domuz rostosu yapmak için kullanılan baharatların kombinasyonu o kadar lezzetli ki, şefler onu pişirmesi daha rahat olan diğer etlere uyarladılar. Marches bölgesinde yabani rezene kullanılır, ancak kurutulmuş rezene tohumları ikame edilebilir.

1 tavşan (2 1/2 ila 3 pound), 8 parçaya bölünmüş

Tuz ve taze çekilmiş karabiber

2 yemek kaşığı zeytinyağı

2 ons pancetta

3 diş ince kıyılmış sarımsak

2 yemek kaşığı doğranmış taze biberiye

1 yemek kaşığı rezene tohumu

2 veya 3 adaçayı yaprağı

1 defne yaprağı

1 bardak kuru beyaz şarap

1 1/2 su bardağı su

1. Tavşan parçalarını durulayın ve kağıt havlularla kurulayın. Tuz ve karabiber serpin.

iki. Tavşan parçalarını tek bir tabaka halinde tutacak kadar büyük bir tavada, yağı orta ateşte ısıtın. Parçaları tavaya yerleştirin. Pastırmayı her yere yayın. Tavşanın bir tarafı kızarana kadar yaklaşık 8 dakika pişirin.

3. Tavşanı ters çevirin ve her tarafına sarımsak, biberiye, rezene, adaçayı ve defne yaprağı serpin. Tavşanın ikinci yüzü kızardığında, yaklaşık 7 dakika sonra şarabı ekleyin ve tavanın altını kazıyarak karıştırın. Şarabı 1 dakika kaynatın.

Dört. Tavşan çok hassas olana ve kemikten düşene kadar, eti ara sıra çevirerek, kapağı açık olarak pişirin, yaklaşık 30 dakika. (Tava çok kurursa biraz su ekleyin.)

5. Defne yaprağını atın. Tavşanı servis tabağına alın ve tava suları ile birlikte sıcak servis yapın.

Domatesli Tavşan

Coniglio alla Ciociara

4 porsiyon yapar

Roma'nın dışında, lezzetli mutfağıyla bilinen Ciociara bölgesinde, domates ve beyaz şarap sosunda tavşan pişirilir.

1 tavşan (2 1/2 ila 3 pound), 8 parçaya bölünmüş

2 yemek kaşığı zeytinyağı

2 ons pancetta, kalın dilimlenmiş ve doğranmış

2 yemek kaşığı doğranmış taze maydanoz

1 diş sarımsak, hafifçe ezilmiş

Tuz ve taze çekilmiş karabiber

1 bardak kuru beyaz şarap

2 su bardağı erik domates, soyulmuş, çekirdekleri çıkarılmış ve doğranmış

1. Tavşan parçalarını durulayın, ardından kağıt havlularla kurulayın. Yağı büyük bir tavada orta ateşte ısıtın. Tavşanı tavaya koyun, ardından pancetta, maydanoz ve sarımsağı ekleyin. Tavşanın her tarafı iyice kızarana kadar yaklaşık 15 dakika pişirin. Tuz ve karabiber serpin.

iki. Sarımsakları tavadan çıkarın ve atın. Şarabı ekleyin ve 1 dakika pişirin.

3. Isıyı en aza indirin. Domatesleri ekleyin, ardından tavşan yumuşayana ve kemikten düşene kadar pişirin, yaklaşık 30 dakika.

Dört. Tavşanı servis tabağına alın ve sosla birlikte sıcak servis yapın.

Tatlı ve ekşi haşlanmış tavşan

Agrodolce'deki Coniglio

4 porsiyon yapar

Sicilyalılar, adanın en az iki yüz yıl süren Mağribi egemenliğinin mirası olan tatlı dişleriyle tanınırlar. Kuru üzüm, şeker ve sirke bu tavşana biraz tatlı ve ekşi bir tat verir.

1 tavşan (2½ ila 3 pound), 8 parçaya bölünmüş

2 yemek kaşığı zeytinyağı

2 ons kalın dilimlenmiş pancetta, doğranmış

1 orta boy soğan, ince doğranmış

Tuz ve taze çekilmiş karabiber

1 bardak kuru beyaz şarap

2 bütün karanfil

1 defne yaprağı

1 su bardağı et veya tavuk suyu

1 kaşık şeker

1 1/4 su bardağı beyaz şarap sirkesi

2 yemek kaşığı kuru üzüm

2 yemek kaşığı çam fıstığı

2 yemek kaşığı doğranmış taze maydanoz

1. Tavşan parçalarını durulayın, ardından kağıt havlularla kurulayın. Büyük bir tavada yağı ve pancettayı orta ateşte 5 dakika ısıtın. Tavşanı ekleyin ve bir tarafı kızarana kadar yaklaşık 8 dakika pişirin. Tavşan parçalarını maşa ile çevirin ve soğanı her tarafa yayın. Tuz ve karabiber serpin.

iki. Şarap, karanfil ve defne yaprağını ekleyin. Sıvıyı kaynatın ve şarabın çoğu buharlaşana kadar yaklaşık 2 dakika pişirin. Et suyunu ilave edip tencerenin kapağını kapatın. Isıyı düşük seviyeye indirin ve tavşan yumuşayana kadar 30 ila 45 dakika pişirin.

3. Tavşan parçalarını bir tabağa aktarın. (Çok sıvı kalmışsa, yüksek ateşte suyunu çekene kadar kaynatın.) Şeker, sirke, kuru üzüm ve çam fıstığını ekleyin. Şeker eriyene kadar karıştırın, yaklaşık 1 dakika.

Dört. Tavşanı tavaya geri koyun ve parçaları iyice kaplanmış görünene kadar yaklaşık 5 dakika sosun içinde çevirerek pişirin. Maydanozu ekleyin ve tava suları ile sıcak servis yapın.

Patatesli Kızarmış Tavşan

Coniglio Arrosto

4 porsiyon yapar

Arkadaşım Dora Marzovilla'nın evinde, bir Pazar akşam yemeği veya özel gün yemeği genellikle enginar kalbi veya kuşkonmaz gibi çeşitli gevrek ve yumuşak kızarmış sebzelerle başlar, ardından buharda pişirilen ev yapımı orecchiette veya kavatelli küçük parçalarla yapılmış lezzetli bir yahni ile atılır. köfteler. Puglia'daki Rutigliano'dan gelen Dora harika bir aşçıdır ve ana yemek olarak sunduğu bu tavşan yemeği onun spesiyallerinden biridir.

1 tavşan (2 1/2 ila 3 pound), 8 parçaya bölünmüş

1 1/4 su bardağı zeytinyağı

1 orta boy soğan, ince doğranmış

2 yemek kaşığı doğranmış taze maydanoz

1/2 kuru bardak şarap

Tuz ve taze çekilmiş karabiber

4 orta boy çok amaçlı patates, soyulmuş ve 1 inçlik dilimler halinde kesilmiş

1 1/2 su bardağı su

1 1/2 çay kaşığı kekik

1. Tavşan parçalarını durulayın ve kağıt havlularla kurulayın. Büyük bir tavada, orta ateşte iki yemek kaşığı yağı ısıtın. Tavşanı, soğanı ve maydanozu ekleyin. Parçaları ara sıra çevirerek hafifçe kızarana kadar yaklaşık 15 dakika pişirin. Şarabı ekleyin ve 5 dakika daha pişirin. Tuz ve karabiber serpin.

iki. Fırının ortasına bir raf yerleştirin. Fırını 425 °F'ye ısıtın Tüm malzemeleri tek bir katmanda tutacak kadar büyük bir kızartma tavasını yağlayın.

3. Patatesleri tavaya yayın ve kalan 2 yemek kaşığı sıvı yağ ile birlikte kavurun. Tavşan parçalarını patateslerin etrafına sıkıştırarak, tava içeriğini tavaya ekleyin. Suyu

ekleyin. Kekik ve tuz ve karabiber serpin. Tavayı alüminyum folyo ile örtün. 30 dakika kızartın. Kapağını açıp 20 dakika daha veya patatesler yumuşayıncaya kadar pişirin.

Dört. Servis tabağına aktarın. Sıcak servis yapın.

marine edilmiş enginar

carciofi marinati

6 ila 8 porsiyon yapar

Bu enginarlar salatalarda, şarküteri etlerinde veya meze çeşitlerinin bir parçası olarak mükemmeldir. Enginar buzdolabında en az iki hafta dayanır.

Bebek enginarınız yoksa, orta boy enginarlarla değiştirin, sekiz kama halinde kesin.

1 su bardağı beyaz şarap sirkesi

2 su bardağı su

1 defne yaprağı

1 bütün sarımsak karanfil

8 ila 12 bebek enginar, kesilmiş ve dörde bölünmüş (bkz.Bütün enginarları hazırlamak için)

bir tutam ezilmiş kırmızı biber

Tuz

sızma zeytinyağı

1.Büyük bir tencerede sirke, su, defne yaprağı ve sarımsağı birleştirin. Sıvıyı bir kaynamaya getirin.

iki. Enginarları, ezilmiş kırmızı biberi ve tuzu damak zevkinize göre ekleyin. Bir bıçakla delindiğinde yumuşayana kadar pişirin, 7 ila 10 dakika. Ateşten uzaklaştırın. Tencerenin içeriğini ince gözenekli bir süzgeçten bir kaseye dökün. Sıvıyı rezerve edin.

3.Enginarları sterilize edilmiş cam kavanozlara koyun. Üzerini örtmek için pişirme sıvısını dökün. Tamamen soğumaya bırakın. En az 24 saat veya 2 haftaya kadar örtün ve soğutun.

Dört. Servis yapmak için enginarları süzün ve yağ ile atın.

Roma enginarları

Carciofi alla Romana

8 porsiyon yapar

Roma'daki küçük çiftlikler, ilkbahar ve sonbahar enginar mevsimlerinde bol miktarda taze enginar üretir. Küçük kamyonlar onları kamyonun arkasından satıldığı köşe pazarlarına götürür. Enginarların uzun sapları vardır ve yaprakları hala yapışıktır, çünkü sapları soyulduktan sonra yemek için iyidir. Romalılar enginarları sapı yukarı bakacak şekilde pişirirdi. Servis tabağına yerleştirildiğinde çok çekici görünüyorlar.

2 büyük sarımsak karanfil, ince kıyılmış

2 yemek kaşığı doğranmış taze maydanoz

1 yemek kaşığı kıyılmış taze nane veya 1/2 çay kaşığı kuru mercanköşk

Tuz ve taze çekilmiş karabiber

1 1/4 su bardağı zeytinyağı

İç için hazırlanmış 8 orta boy enginar (bkz.Bütün enginarları hazırlamak için)

1 1/2 bardak kuru beyaz şarap

1. Küçük bir kapta sarımsak, maydanoz ve nane veya mercanköşk karıştırın. Tat vermek için tuz ve karabiber ekleyin. 1 yemek kaşığı sıvı yağ ekleyin.

iki. Enginarların yapraklarını hafifçe yayın ve ortasına sarımsaklı karışımdan biraz bastırın. Enginarları iç harcı tutmak için hafifçe sıkarak, dik duracak kadar büyük bir tencereye sap tarafı yukarı gelecek şekilde yerleştirin. Şarabı enginarların etrafına dökün. 3/4 inç derinliğe kadar su ekleyin. Enginarları kalan yağla gezdirin.

3. Tavayı kapatın ve sıvıyı orta ateşte kaynatın. 45 dakika veya bıçakla delindiğinde enginarlar yumuşayana kadar pişirin. Sıcak veya oda sıcaklığında servis yapın.

kızarmış enginar

Carciofi Stufati

8 porsiyon yapar

Enginar, devedikeni ailesinin üyeleridir ve kısa, gür bitkilerde yetişir. Güney İtalya'nın birçok yerinde yabani olarak bulunurlar ve birçok insan onları kendi bahçelerinde yetiştirir. Enginar aslında açılmamış bir çiçektir. Çok büyük enginarlar çalının tepesinde büyürken, daha küçük olanlar tabanın yakınında filizlenir. Genellikle bebek enginar olarak adlandırılan küçük enginarlar, kavurma için idealdir. Onları daha büyük bir enginar gibi pişirmeye hazırlayın. Dokusu ve tereyağlı tatlı tadı özellikle balıklarla iyi gider.

1 küçük soğan ince doğranmış

1 1/4 su bardağı zeytinyağı

1 diş ince kıyılmış sarımsak

2 yemek kaşığı doğranmış taze maydanoz

2 kiloluk bebekenginar, kesilmiş ve dörde bölünmüş

1 1/2 su bardağı su

Tuz ve taze çekilmiş karabiber

1. Büyük bir tencerede, soğanı orta ateşte yumuşayana kadar yaklaşık 10 dakika yağda pişirin. Sarımsak ve maydanozu ekleyin.

iki. Enginarları tavaya koyun ve iyice karıştırın. Suyu ve tuzu ve karabiberi damak zevkinize göre ekleyin. Kapağını kapatıp enginarlar bıçakla delindiğinde yumuşayana kadar, yaklaşık 15 dakika pişirin. Sıcak veya oda sıcaklığında servis yapın.

Varyasyon: 2. Adımda, soyulmuş ve soğanla birlikte 1 inç küpler halinde kesilmiş 3 orta boy patates ekleyin.

Enginar, Yahudi Usulü

Carciofi alla Giudia

4 porsiyon yapar

Yahudiler Roma'ya ilk olarak MÖ 1. yüzyılda geldiler. Tiber Nehri yakınlarına yerleştiler ve 1556'da Papa IV. Paul tarafından duvarlarla çevrili bir gettoya hapsedildiler. Birçoğu fakirdi, morina, kabak ve enginar gibi basit, ucuz yiyecekler ne varsa onunla geçiniyordu. 19. yüzyılın ortalarında getto duvarları yıkıldığında, Roma Yahudileri kendi yemek pişirme tarzlarını geliştirmişlerdi ve daha sonra diğer Romalılar tarafından da benimsendi. Bugün, kızarmış kabak çiçeği dolması gibi Yahudi yemekleri, irmik gnocchi, ve bu enginarlar Roma klasiği olarak kabul edilir.

Roma'nın Yahudi mahallesi hala var ve bu tarz yemeklerin tadına bakabileceğiniz birkaç iyi restoran var. İki favori trattoria olan Piperno ve Da Giggetto'da bu kızarmış enginarlar bol tuzla sıcak servis ediliyor. Yapraklar patates cipsi kadar gevrek. Enginar pişerken sıçrar, bu yüzden ocaktan uzak durun ve ellerinizi koruyun.

4 ortaenginar, doldurma için hazırlanmış

Zeytin yağı

Tuz

1. Enginarları kurulayın. Bir enginarı alt tarafı yukarı gelecek şekilde düz bir yüzeye yerleştirin. Avucunuzun içiyle enginarın üzerine bastırarak üzerini düzleştirin ve yapraklarını açarak yayın. Enginarların geri kalanıyla tekrarlayın. Yaprakların uçları yukarı bakacak şekilde çevirin.

iki. Büyük, derin bir tavada veya geniş, ağır bir tencerede, bir enginar yaprağı yağın içine girip hızla kızarana kadar orta ateşte yaklaşık 2 inç zeytinyağı ısıtın. Elinizi bir fırın eldiveni ile koruyun, çünkü enginarlar ıslanırsa yağ sıçrayabilir ve sıçrayabilir. Enginarları yaprak uçları aşağı gelecek şekilde ekleyin. Enginarları delikli bir kaşıkla yağın içine bastırarak bir tarafı altın rengi olana kadar yaklaşık 10 dakika pişirin. Maşa kullanarak enginarları dikkatlice çevirin ve yaklaşık 10 dakika daha altın kahverengi olana kadar pişirin.

3.Kağıt havluların üzerine boşaltın. Tuz serpip hemen servis yapın.

Roma Baharı Sebze Yahni

Vignarola

4 ila 6 porsiyon yapar

İtalyanlar mevsimlere çok uyuyor ve ilk bahar enginarlarının gelişi, kışın bittiğini ve sıcak havaların yakında geri döneceğini gösteriyor. Kutlamak için, Romalılar ana yemek olarak enginarlı bu taze sebze güvecinden kaseler yiyorlar.

4 ons dilimlenmiş pancetta, doğranmış

1 1/4 su bardağı zeytinyağı

1 orta boy soğan doğranmış

4 ortaenginar, kesilmiş ve dörde bölünmüş

1 pound taze bakla, kabuklu veya 1 su bardağı bakla veya dondurulmuş bakla yerine

1/2 bardak Tavuk çorbası

Tuz ve taze çekilmiş karabiber

1 pound taze bezelye, kabuklu (yaklaşık 1 su bardağı)

2 yemek kaşığı doğranmış taze maydanoz

1. Büyük bir tavada orta ateşte yağda pancettayı pişirin. Pancetta kahverengileşmeye başlayana kadar sık sık karıştırın, 5 dakika. Soğanı ekleyin ve altın kahverengi olana kadar yaklaşık 10 dakika daha pişirin.

iki. Enginar, bakla, et suyu, tuz ve karabiberi tatmak için ekleyin. Ateşi düşür. Kapağını kapatıp 10 dakika veya enginarlar bıçakla delindiğinde neredeyse yumuşayana kadar pişirin. Bezelye ve maydanozu ekleyip 5 dakika daha pişirin. Sıcak veya oda sıcaklığında servis yapın.

Çıtır enginar kalpleri

carciofini fritti

6 ila 8 porsiyon yapar

Amerika Birleşik Devletleri'nde, enginarlar öncelikle 20. yüzyılın başlarında İtalyan göçmenler tarafından ekildikleri Kaliforniya'da yetiştirilir. Çeşitler İtalya'dakilerden farklıdır ve toplandığında genellikle çok olgundur, bu da onları zaman zaman sert ve odunsu yapar. Dondurulmuş enginar kalpleri çok iyi olabilir ve çok zaman kazandırabilir. Bazen bu tarif için onları kullanıyorum. Kızarmış enginar yürekleri, kuzu pirzola veya meze olarak lezzetlidir.

12 bebekenginar, kesilmiş ve dörde bölünmüş veya 2 (10 ons) paket dondurulmuş enginar kalbi, paket talimatlarına göre hafifçe pişirilir

3 büyük yumurta, çırpılmış

Tuz

2 su bardağı kuru galeta unu

kızartmalık yağ

Limon dilimleri

1.Taze veya pişmiş enginarları kurutun. Orta sığ bir kapta, tadına bakmak için yumurtaları tuzla çırpın. Ekmek kırıntılarını yağlı kağıt üzerine yayın.

iki.Bir fırın tepsisinin üzerine bir soğutma rafı yerleştirin. Enginarları yumurta karışımına batırın, ardından kırıntıların içinde yuvarlayın. Enginarları pişirmeden önce en az 15 dakika kuruması için rafa yerleştirin.

3.Bir tepsiyi kağıt havlularla hizalayın. Yağı büyük, ağır bir tavada 1 inç derinliğe kadar dökün. Yumurta karışımından bir damla cızırdayana kadar yağı ısıtın. Kalabalık olmadan tavaya rahatça sığacak kadar enginar ekleyin. Parçaları maşayla çevirerek altın kahverengi olana kadar yaklaşık 4 dakika pişirin. Kalan enginarları gerekirse gruplar halinde kızartırken kağıt havluların üzerine alın ve sıcak tutun.

Dört. Üzerine tuz serpip limon dilimleri ile sıcak servis yapın.

Enginar dolması

Carciofi Ripieni

8 porsiyon yapar

Annem enginarları hep böyle yapar: Güney İtalya'da klasik bir hazırlıktır. Enginarları tatlandırmak ve lezzetlerini ortaya çıkarmak için yeterli dolgu var. Çok fazla doldurma enginarları ıslak ve ağır yapar, bu nedenle ekmek kırıntısı miktarını artırmayın ve elbette kaliteli ekmek kırıntıları kullanın. Enginar önceden hazırlanıp oda sıcaklığında servis edilebilir veya sıcak ve taze olarak yenebilir.

8 ortaenginar, doldurma için hazırlanmış

3/4 su bardağı kuru galeta unu

1 1/4 su bardağı doğranmış taze maydanoz

1/4 fincan taze rendelenmiş Pecorino Romano veya Parmigiano-Reggiano

1 diş sarımsak, çok ince kıyılmış

Tuz ve taze çekilmiş karabiber

Zeytin yağı

1. Büyük bir şef bıçağı kullanarak enginar saplarını ince ince doğrayın. Sapları ekmek kırıntıları, maydanoz, peynir, sarımsak, tuz ve karabiberle birlikte büyük bir kapta tadın. Biraz yağ ekleyin ve kırıntıları eşit şekilde nemlendirmek için karıştırın. Baharatı test edin ve ayarlayın.

iki. Yaprakları nazikçe ayırın. Enginarların ortasını galeta unu karışımıyla hafifçe doldurun, ayrıca yaprakların arasına biraz iç harcı ekleyin. Doldurmayı paketlemeyin.

3. Enginarları dik durabilecek genişlikte bir tencereye koyun. Enginarların çevresine 3/4 inç derinliğe kadar su ekleyin. Enginarları 3 yemek kaşığı zeytinyağı ile gezdirin.

Dört. Tencerenin kapağını kapatın ve orta ateşe koyun. Su kaynadığında, ısıyı düşük seviyeye indirin. Yaklaşık 40 ila 50 dakika (enginarların boyutuna bağlı olarak) veya enginarların dipleri bıçakla delindiğinde yumuşayana ve bir yaprak kolayca çıkana kadar pişirin. Yanıkları önlemek için gerekirse ilave ılık su ekleyin. Sıcak veya oda sıcaklığında servis yapın.

Sicilya Usulü Enginar Dolması

Carciofi alla Siciliana

4 porsiyon yapar

Sicilya'nın sıcak ve kuru iklimi enginar yetiştirmek için mükemmeldir. Tırtıklı simli yaprakları olan bitkiler oldukça güzeldir ve birçok kişi onları ev bahçelerinde dekoratif çalılar olarak kullanır. Sezonun sonunda, bitki üzerinde kalan enginarlar bölünerek açılır ve mor ve gür olan ortadaki tamamen olgun boğucuyu açığa çıkarır.

Bu, enginar doldurmanın Sicilya usulüdür, ki buEnginar dolmasıreçete. Izgara balık veya kuzu budu öncesi ilk yemek olarak servis yapın.

4 ortaenginar, doldurma için hazırlanmış

1 1/2 su bardağı ekmek kırıntısı

4 adet hamsi filetosu, ince doğranmış

2 yemek kaşığı doğranmış süzülmüş kapari

2 yemek kaşığı kavrulmuş çam fıstığı

2 yemek kaşığı altın kuru üzüm

2 yemek kaşığı doğranmış taze maydanoz

1 büyük diş sarımsak, ince kıyılmış

Tuz ve taze çekilmiş karabiber

4 yemek kaşığı zeytinyağı

1 1/2 bardak kuru beyaz şarap

su

1. Orta boy bir kapta galeta unu, hamsi, kapari, çam fıstığı, kuru üzüm, maydanoz, sarımsak, tuz ve karabiberi tatmak için birleştirin. İki yemek kaşığı sıvı yağ ekleyin.

iki. Yaprakları nazikçe ayırın. Enginarları galeta unu karışımıyla gevşek bir şekilde doldurun, ayrıca yaprakların arasına biraz da iç harcı ekleyin. Doldurmayı paketlemeyin.

3. Enginarları dik durabilecek büyüklükte bir tencereye koyun. Enginarların çevresine 3/4 inç derinliğe kadar su ekleyin. Kalan 2 yemek kaşığı sıvı yağ ile gezdirin. Şarabı enginarların etrafına dökün.

Dört. Tencerenin kapağını kapatın ve orta ateşe koyun. Su kaynadığında, ısıyı düşük seviyeye indirin. 40 ila 50 dakika (enginarların boyutuna bağlı olarak) veya enginarların dipleri bıçakla delindiğinde yumuşayana ve bir yaprak kolayca çıkana kadar pişirin. Yanıkları önlemek için gerekirse ilave ılık su ekleyin. Sıcak veya oda sıcaklığında servis yapın.

Kuşkonmaz "tavada"

Padella'da kuşkonmaz

4 ila 6 porsiyon yapar

Bu kuşkonmaz sote etmek için hızlıdır. İstenirse kıyılmış sarımsak veya taze otlar ekleyin.

3 yemek kaşığı zeytinyağı

1 kilo kuşkonmaz

Tuz ve taze çekilmiş karabiber

2 yemek kaşığı doğranmış taze maydanoz

1. Kuşkonmazın dibini, sapının beyazdan yeşile döndüğü noktada kesin. Kuşkonmazı 2 inçlik parçalar halinde kesin.

iki. Büyük bir tavada, yağı orta ateşte ısıtın. Kuşkonmaz ve tuz ve karabiberi tatmak için ekleyin. Sık sık karıştırarak veya kuşkonmaz hafifçe kızarana kadar 5 dakika pişirin.

3.Tencerenin kapağını kapatın ve 2 dakika daha veya kuşkonmaz yumuşayana kadar pişirin. Maydanozu ekleyin ve hemen servis yapın.

Yağlı ve Sirkeli Kuşkonmaz

Insalata di Asparagi

4 ila 6 porsiyon yapar

İlkbaharda yerel olarak yetiştirilen ilk mızraklar ortaya çıkar çıkmaz onları bu şekilde ve uzun kış boyunca gelişen özlemi tatmin etmek için büyük miktarda hazırlıyorum. Lezzetini emmek için hala sıcakken kuşkonmazı sosun içinde çevirin.

1 kilo kuşkonmaz

Tuz

1 1/4 su bardağı sızma zeytinyağı

1 ila 2 yemek kaşığı kırmızı şarap sirkesi

taze çekilmiş karabiber

1. Kuşkonmazın dibini, sapının beyazdan yeşile döndüğü noktada kesin. Büyük bir tavada yaklaşık 2 inç su kaynatın. Kuşkonmaz ve tuzu damak zevkinize göre

ekleyin. Kuşkonmaz sap ucundan kaldırıldığında hafifçe bükülene kadar pişirin, 4 ila 8 dakika. Pişirme süresi kuşkonmazın kalınlığına bağlı olacaktır. Kuşkonmazı cımbızla çıkarın. Kağıt havluların üzerine boşaltın ve kurulayın.

iki. Geniş bir sığ tabakta yağ, sirke, bir tutam tuz ve bol miktarda biberi birleştirin. Harmanlanana kadar bir çatalla çırpın. Kuşkonmaz ekleyin ve kaplanana kadar hafifçe çevirin. Sıcak veya oda sıcaklığında servis yapın.

Limon Tereyağı ile Kuşkonmaz

kuşkonmaz eşek

4 ila 6 porsiyon yapar

Bu basit şekilde pişirilen kuşkonmaz, yumurtadan balığa ve ete kadar hemen hemen her şeyle gider. Bir varyasyon için tereyağına doğranmış taze frenk soğanı, maydanoz veya fesleğen ekleyin.

1 kilo kuşkonmaz

Tuz

2 yemek kaşığı tuzsuz tereyağı, eritilmiş

1 yemek kaşığı taze limon suyu

taze çekilmiş karabiber

1. Kuşkonmazın dibini, sapının beyazdan yeşile döndüğü noktada kesin. Büyük bir tavada yaklaşık 2 inç su kaynatın. Kuşkonmaz ve tuzu damak zevkinize göre ekleyin. Kuşkonmaz sap ucundan kaldırıldığında hafifçe

bükülene kadar pişirin, 4 ila 8 dakika. Pişirme süresi kuşkonmazın kalınlığına bağlı olacaktır. Kuşkonmazı cımbızla çıkarın. Onları kağıt havlulara boşaltın ve kurulayın.

iki. Tavayı temizleyin. Tereyağını ekleyin ve eriyene kadar yaklaşık 1 dakika orta ateşte pişirin. Limon suyunu ekleyin. Kuşkonmazı tavaya döndürün. Biber serpin ve sosla kaplamak için hafifçe çevirin. Hemen servis yapın.

Çeşitli soslar ile kuşkonmaz

4 ila 6 porsiyon yapar

Pişmiş kuşkonmaz, farklı soslarla oda sıcaklığında servis edilir. Bir akşam yemeği partisi için idealdirler çünkü önceden hazırlanabilirler. Kalın veya ince olmaları önemli değil, ancak eşit şekilde pişmeleri için kabaca aynı boyutta kuşkonmaz almaya çalışın.

  zeytinyağlı mayonez,portakallı mayonez, herhangi biriyeşil sos

1 kilo kuşkonmaz

Tuz

1. Gerekirse sosu veya sosları hazırlayın. Daha sonra, kuşkonmazın tabanını, sapının beyazdan yeşile dönüştüğü noktada kesin.

iki. Büyük bir tavada yaklaşık 2 inç su kaynatın. Kuşkonmaz ve tuzu damak zevkinize göre ekleyin. Kuşkonmaz sap ucundan kaldırıldığında hafifçe bükülene kadar pişirin, 4 ila 8 dakika. Pişirme süresi kuşkonmazın kalınlığına bağlı olacaktır.

3. Kuşkonmazı cımbızla çıkarın. Onları kağıt havlulara boşaltın ve kurulayın. Kuşkonmazı bir veya daha fazla sos ile oda sıcaklığında servis edin.

Kapari soslu ve yumurtalı kuşkonmaz

Kapari ve Uove ile Kuşkonmaz

4 ila 6 porsiyon yapar

Trentino-Alto Adige ve Veneto'da kalın beyaz kuşkonmaz bir bahar ayinidir. Kızartılır ve haşlanır, risottolara, çorbalara ve salatalara eklenir. Yumurta sosu, limon suyu, maydanoz ve kapari gibi tipik bir çeşnidir.

1 kilo kuşkonmaz

Tuz

1 1/4 su bardağı zeytinyağı

1 çay kaşığı taze limon suyu

taze kara biber

1 sert haşlanmış yumurta, doğranmış

2 yemek kaşığı doğranmış taze maydanoz

1 yemek kaşığı kapari, durulanmış ve süzülmüş

1.Kuşkonmazın dibini, sapının beyazdan yeşile döndüğü noktada kesin. Büyük bir tavada yaklaşık 2 inç su kaynatın. Kuşkonmaz ve tuzu damak zevkinize göre ekleyin. Kuşkonmaz sap ucundan kaldırıldığında hafifçe bükülene kadar pişirin, 4 ila 8 dakika. Pişirme süresi kuşkonmazın kalınlığına bağlı olacaktır. Kuşkonmazı cımbızla çıkarın. Onları kağıt havlulara boşaltın ve kurulayın.

iki.Küçük bir kapta yağ, limon suyu ve bir tutam tuz ve karabiberi karıştırın. Yumurta, maydanoz ve kapariyi ekleyin.

3.Kuşkonmazı servis tabağına alın ve sosu üzerine dökün. Hemen servis yapın.

Parmesan ve Tereyağı ile Kuşkonmaz

Kuşkonmaz alla Parmigiana

4 ila 6 porsiyon yapar

Buna bazen asparagi alla Milanese (Milan usulü kuşkonmaz) denir, ancak birçok farklı bölgede yenir. Beyaz kuşkonmaz bulabilirseniz, özellikle bu tedaviye çok uygundurlar.

1 pound kalın kuşkonmaz

Tuz

2 yemek kaşığı tuzsuz tereyağı

taze çekilmiş karabiber

1/2 su bardağı taze rendelenmiş Parmigiano-Reggiano

1. Kuşkonmazın dibini, sapının beyazdan yeşile döndüğü noktada kesin. Büyük bir tavada yaklaşık 2 inç su kaynatın. Kuşkonmaz ve tuzu damak zevkinize göre ekleyin. Kuşkonmaz sap ucundan kaldırıldığında hafifçe bükülene kadar pişirin, 4 ila 8 dakika. Pişirme süresi

kuşkonmazın kalınlığına bağlı olacaktır. Kuşkonmazı cımbızla çıkarın. Onları kağıt havlulara boşaltın ve kurulayın.

iki.Fırının ortasına bir raf yerleştirin. Fırını 450°F'ye önceden ısıtın. Büyük bir fırın tepsisini yağlayın.

3.Kuşkonmazları fırın tepsisine hafif üst üste gelecek şekilde yan yana dizin. Tereyağı gezdirin ve biber ve peynir serpin.

Dört.15 dakika veya peynir eriyene ve altın rengi kahverengi olana kadar pişirin. Hemen servis yapın.

Kuşkonmaz ve Prosciutto Paketleri

Fagottini di Asparagi

4 porsiyon yapar

Daha doyurucu bir yemek için bazen her paketin üzerine Fontina Valle d'Aosta dilimleri, mozzarella peyniri veya iyi eriyen başka bir peynir koyuyorum.

1 kilo kuşkonmaz

Tuz ve taze çekilmiş karabiber

4 dilim ithal İtalyan prosciutto

2 tereyağı kaşığı

1/4 fincan taze rendelenmiş Parmigiano-Reggiano

1. Kuşkonmazın dibini, sapının beyazdan yeşile döndüğü noktada kesin. Büyük bir tavada yaklaşık 2 inç su kaynatın. Kuşkonmaz ve tuzu damak zevkinize göre ekleyin. Kuşkonmaz sap ucundan kaldırıldığında hafifçe bükülene kadar pişirin, 4 ila 8 dakika. Pişirme süresi

kuşkonmazın kalınlığına bağlı olacaktır. Kuşkonmazı cımbızla çıkarın. Kağıt havluların üzerine boşaltın ve kurulayın.

iki.Fırının ortasına bir raf yerleştirin. Fırını 350°F'ye önceden ısıtın. Büyük bir fırın tepsisini yağlayın.

3.Tereyağını büyük bir tavada eritin. Kuşkonmaz ekleyin ve tuz ve karabiber serpin. İki spatula kullanarak kuşkonmazı iyice kaplamak için tereyağında dikkatlice çevirin.

Dört. Kuşkonmazı 4 gruba ayırın. Her grubu bir dilim Serrano jambonunun ortasına yerleştirin. Kuşkonmazı serrano jambonunun uçlarıyla sarın. Paketleri fırın tepsisine yerleştirin. Parmigiano ile serpin.

5.Kuşkonmazı 15 dakika veya peynir eriyene ve bir kabuk oluşana kadar pişirin. Sıcak servis yapın.

kavrulmuş Kuşkonmaz

kuşkonmaz al Forno

4 ila 6 porsiyon yapar

Kavurma kuşkonmazı kızartır ve doğal tatlılığını ortaya çıkarır. Et ızgara yapmak için mükemmeldirler. Pişmiş eti fırından çıkarabilir ve dinlenirken kuşkonmazı pişirebilirsiniz. Bu tarif için kalın kuşkonmaz kullanın.

1 kilo kuşkonmaz

1 1/4 su bardağı zeytinyağı

Tuz

1. Fırının ortasına bir raf yerleştirin. Fırını 450°F'ye önceden ısıtın Kuşkonmazın altını, sapının beyazdan yeşile döndüğü noktada kesin.

iki. Kuşkonmazları tek bir tabaka halinde tutacak kadar büyük bir fırın tepsisine yerleştirin. Yağ ve tuz serpin.

Yağ ile kaplamak için kuşkonmazı bir yandan diğer yana yuvarlayın.

3. 8 ila 10 dakika veya kuşkonmaz yumuşayana kadar pişirin.

Zabaglione içinde kuşkonmaz

Kuşkonmaz allo Zabaione

6 porsiyon yapar

Zabaglione, genellikle tatlı olarak tatlandırılmış olarak servis edilen kabarık bir yumurta muhallebisidir. Bu durumda yumurtalar beyaz şarapla ve şekersiz dövülür ve kuşkonmazın üzerine servis edilir. Bu, bir bahar yemeği için zarif bir ilk yemek sağlar. Kuşkonmazın soyulması isteğe bağlıdır, ancak kuşkonmazın uçtan uca yumuşamasını sağlar.

1 1/2 pound kuşkonmaz

2 büyük yumurta sarısı

1 1/4 bardak kuru beyaz şarap

Bir tutam tuz

1 yemek kaşığı tuzsuz tereyağı

1.Kuşkonmazın dibini, sapının beyazdan yeşile döndüğü noktada kesin. Kuşkonmazı soymak için, ucun altından başlayın ve döner bıçaklı bir soyucu kullanarak, koyu yeşil kabuğu gövde ucuna kadar çıkarın.

iki.Büyük bir tavada yaklaşık 2 inç su kaynatın. Kuşkonmaz ve tuzu damak zevkinize göre ekleyin. Kuşkonmaz sap ucundan kaldırıldığında hafifçe bükülene kadar pişirin, 4 ila 8 dakika. Pişirme süresi kuşkonmazın kalınlığına bağlı olacaktır. Kuşkonmazı cımbızla çıkarın. Kağıt havluların üzerine boşaltın ve kurulayın.

3.Bir tencerenin veya çift kazanın alt yarısında kaynamaya yaklaşık bir inç su getirin. Yumurta sarısını, şarabı ve tuzu benmari usulü üzerine ya da suya değmeden tencerenin üzerine tam oturan ısıya dayanıklı bir kaba koyun.

Dört. Yumurta karışımını karışana kadar çırpın, ardından tavayı veya kaseyi kaynayan suyun üzerine koyun. Karışımın rengi soluk olana ve çırpıcılar kaldırıldığında pürüzsüz bir şekil alana kadar, yaklaşık 5 dakika elektrikli el mikseri veya tel çırpıcı ile çırpın. Tereyağı karışana kadar çırpın.

5.Kuşkonmazın üzerine ılık sos dökün ve hemen servis yapın.

Taleggio ve Çam Fıstığı ile Kuşkonmaz

Taleggio ve Pinoli ile Kuşkonmaz

6 ila 8 porsiyon yapar

Milano'nun ünlü gastronomi (gurme gıda mağazası) Peck's'ten çok uzakta olmayan Trattoria Milanese. Yerel olarak yapılan ve İtalya'nın en iyi peynirlerinden biri olan aromatik, yarı yumuşak, tereyağlı bir inek sütü peyniri olan taleggio ile tepesinde bu kuşkonmaz gibi basit, klasik Lombard yemeklerini denemek için harika bir yerdir. Taleggio mevcut değilse Fontina veya Bel Paese değiştirilebilir.

2 kilo kuşkonmaz

Tuz

2 yemek kaşığı tuzsuz tereyağı, eritilmiş

6 ons taleggio, Fontina Valle d'Aosta veya Bel Paese, küçük parçalar halinde kesilmiş

1/4 su bardağı kıyılmış çam fıstığı veya dilimlenmiş badem

1 yemek kaşığı ekmek kırıntısı

1.Fırının ortasına bir raf yerleştirin. Fırını 450°F'ye önceden ısıtın. 13×9×2 inçlik bir fırın tepsisini yağlayın.

iki.Kuşkonmazın dibini, sapının beyazdan yeşile döndüğü noktada kesin. Kuşkonmazı soymak için, ucun altından başlayın ve döner bıçaklı bir soyucu kullanarak, koyu yeşil kabuğu gövde ucuna kadar çıkarın.

3.Büyük bir tavada yaklaşık 2 inç su kaynatın. Kuşkonmaz ve tuzu damak zevkinize göre ekleyin. Kuşkonmaz, sap ucundan kaldırıldığında hafifçe bükülene kadar pişirin, 4 ila 8 dakika. Pişirme süresi kuşkonmazın kalınlığına bağlı olacaktır. Kuşkonmazı cımbızla çıkarın. Onları kağıt havlulara boşaltın ve kurulayın.

Dört.Kuşkonmazı fırın tepsisine yerleştirin. Tereyağı ile gezdirin. Peyniri kuşkonmazın üzerine yayın. Ceviz ve galeta unu serpin.

5.Peynir eriyene ve cevizler altın kahverengi olana kadar pişirin, yaklaşık 15 dakika. Sıcak servis yapın.

kuşkonmaz timbale

Sformatini di Asparagi

6 porsiyon yapar

Bunun gibi ipeksi pürüzsüz kremalar eski moda bir hazırlıktır, ancak birçok İtalyan restoranında popülerliğini koruyan bir şeydir, çünkü esasen çok lezzetlidir. Hemen hemen her sebze bu şekilde yapılabilir ve bu küçük ramekinler vejeteryan garnitür, başlangıç veya ana yemek için iyidir. Kelimenin tam anlamıyla "kalıplanmamış küçük şeyler" olan Sformatini, sade, domates sosu veya peynirle kaplanmış veya tereyağında sotelenmiş sebzelerle çevrili olarak servis edilebilir.

1 fincan Beşamel sos

1 1/2 pound kuşkonmaz, doğranmış

3 büyük yumurta

1/4 fincan taze rendelenmiş Parmigiano-Reggiano

Tuz ve taze çekilmiş karabiber

1.Gerekirse beşamel hazırlayın. Büyük bir tavada yaklaşık 2 inç su kaynatın. Kuşkonmaz ve tuzu damak zevkinize göre ekleyin. Kuşkonmaz, sap ucundan kaldırıldığında hafifçe bükülene kadar pişirin, 4 ila 8 dakika. Pişirme süresi kuşkonmazın kalınlığına bağlı olacaktır. Kuşkonmazı cımbızla çıkarın. Onları kağıt havlulara boşaltın ve kurulayın. Uçlardan 6 tanesini kesin ve ayırın.

iki.Kuşkonmazı bir mutfak robotuna koyun ve pürüzsüz olana kadar işleyin. Yumurta, beşamel, peynir, 1 tatlı kaşığı tuz ve karabiberi tatmak için karıştırın.

3.Fırının ortasına bir raf yerleştirin. Fırını 350°F'ye önceden ısıtın. Altı adet 6 onsluk muhallebi bardağını veya ramekini cömertçe yağlayın. Kuşkonmaz karışımını bardaklara dökün. Fincanları büyük bir fırın tepsisine yerleştirin ve kaynar suyu fincanların yarısına gelecek şekilde tepsiye dökün.

Dört.50 ila 60 dakika veya ortasına batırdığınız bıçak temiz çıkana kadar pişirin. Ramekinleri tavadan çıkarın ve kenarlarından küçük bir bıçak geçirin. Ramekinleri servis tabaklarına ters çevirin. Ayrılmış kuşkonmaz uçlarıyla doldurun ve sıcak servis yapın.

Ülke Tarzı Fasulye

Fagioli alla Paesana

Yaklaşık 6 fincan fasulye yapar, 10 ila 12 porsiyon

Bu, tüm fasulye türleri için temel bir pişirme yöntemidir. Islatılmış fasulye oda sıcaklığında bırakılırsa mayalanabilir, bu yüzden onları buzdolabına koydum. Pişirdikten sonra, bir çiseleyen sızma zeytinyağı ile olduğu gibi servis yapın veya çorbalara veya salatalara ekleyin.

1 pound kızılcık, cannellini veya diğer kuru fasulye

1 havuç, kesilmiş

1 kereviz sapı ile yaprakları

1 soğan

2 diş sarımsak

2 yemek kaşığı zeytinyağı

Tuz

1. Fasulyeleri durulayın ve kırık fasulyeleri veya küçük taşları çıkarmak için toplayın.

iki. Fasulyeleri 2 inç kaplayacak şekilde büyük bir soğuk su kabına koyun. 4 saatten geceye kadar soğutun.

3. Fasulyeleri boşaltın ve 1 inç kaplayacak şekilde büyük bir soğuk su kabına koyun. Suyu orta ateşte kaynama noktasına getirin. Isıyı alçaltın ve üste çıkan köpükleri sıyırın. Köpüğün kabarması durduğunda sebzeleri ve zeytinyağını ekleyin.

Dört. Tencerenin kapağını kapatın ve gerekirse daha fazla su ekleyerek, fasulyeler çok yumuşak ve kremsi olana kadar 1 1/2 ila 2 saat pişirin. Tat vermek için tuz ekleyin ve yaklaşık 10 dakika bekletin. Sebzeleri atın. Sıcak veya oda sıcaklığında servis yapın.

Toskana fasulyesi

Fagioli Stufati

6 porsiyon yapar

Toskanalar fasulye mutfağının ustalarıdır. Kuru baklagilleri, zar zor köpüren bir sıvı içinde otlar ile kaynatıyorlar. Uzun, yavaş pişirme, pişirirken şeklini koruyan yumuşak, kremalı fasulye üretir.

Pişmiş olup olmadıklarını belirlemek için her zaman birkaç fasulye tadın, çünkü hepsi aynı anda pişmez. Fasulyeleri piştikten sonra iyice pişip pişmediğinden emin olmak için ocakta bir süre bekletin. Isındıklarında iyidirler ve mükemmel bir şekilde tekrar ısıtırlar.

Fasulye garnitür olarak veya çorbalarda iyidir ya da sarımsakla ovulmuş ve üzerine yağ serpilmiş sıcak kızarmış İtalyan ekmeği üzerine kaşıkla koymayı deneyin.

8 ons kurutulmuş cannellini, kızılcık veya diğer fasulye

1 büyük sarımsak karanfil, hafifçe kıyılmış

6 taze adaçayı yaprağı veya küçük bir dal biberiye veya 3 dal taze kekik

Tuz

sızma zeytinyağı

taze çekilmiş karabiber

1.Fasulyeleri durulayın ve kırık fasulyeleri veya küçük taşları çıkarmak için toplayın. Fasulyeleri 2 inç kaplayacak şekilde büyük bir soğuk su kabına koyun. 4 saatten geceye kadar soğutun.

iki.Fırını 300°F'ye önceden ısıtın. Fasulyeleri süzün ve bir Hollanda fırınına veya sıkı bir kapağı olan başka bir derin, ağır tencereye koyun. 1 inç kaplayacak şekilde tatlı su ekleyin. Sarımsak ve adaçayı ekleyin. Kısık ateşte kaynamaya getirin.

3.Tencereyi kapatın ve fırının orta rafına yerleştirin. Fasulyeler çok hassas olana kadar, fasulyenin türüne ve yaşına bağlı olarak yaklaşık 1 saat 15 dakika veya daha uzun süre pişirin. Fasulyeleri kapalı tutmak için daha fazla suya ihtiyaç olup olmadığını görmek için ara sıra kontrol edin. Bazı fasulyeler için ek 30 dakika pişirme süresi gerekebilir.

Dört. Fasulyeyi deneyin. Tamamen yumuşadıklarında, tadına tuz ekleyin. Fasulyeleri 10 dakika dinlendirelim. Bir çiseleyen zeytinyağı ve bir tutam karabiber ile sıcak servis yapın.

fasulye salatası

Insalata di Fagioli

4 porsiyon yapar

Fasulyeleri sıcakken baharatlamak, lezzetleri emmelerine yardımcı olur.

2 yemek kaşığı sızma zeytinyağı

2 yemek kaşığı taze limon suyu

Tuz ve taze çekilmiş karabiber

Cannellini fasulyesi veya kızılcık gibi 2 bardak sıcak pişmiş veya konserve fasulye

1 küçük sarı dolmalık biber, doğranmış

1 su bardağı kiraz domates, ikiye veya dörde bölünmüş

1/2 inçlik parçalar halinde kesilmiş 2 yeşil soğan

1 demet roka, doğranmış

1.Orta boy bir kapta, tadına göre yağ, limon suyu ve tuz ve karabiberi birlikte çırpın. Fasulyeleri süzün ve sosa ekleyin. İyice karıştırın. 30 dakika bekletin.

iki. Biber, domates ve soğanı ekleyip karıştırın. Baharatı tadın ve ayarlayın.

3.Rokaları bir kaseye alın ve üzerine salatayı serpin. Hemen servis yapın.

Fasulye ve Lahana

Fagioli ve Cavolo

6 porsiyon yapar

Bunu makarna veya çorba yerine ilk yemek olarak veya rosto veya tavukla garnitür olarak servis edin.

1/2 inçlik şeritler halinde kesilmiş 2 ons pancetta (4 kalın dilim)

2 yemek kaşığı zeytinyağı

1 küçük soğan doğranmış

2 büyük diş sarımsak

1/4 çay kaşığı ezilmiş kırmızı dolmalık biber

4 su bardağı kıyılmış lahana

1 su bardağı doğranmış taze veya konserve domates

Tuz

3 su bardağı pişmiş veya konserve cannellini fasulyesi veya kızılcık, süzülmüş

1.Geniş bir tavada pancettayı zeytinyağında 5 dakika pişirin. Soğanı, sarımsağı ve acı biberi ekleyin ve soğan yumuşayana kadar yaklaşık 10 dakika pişirin.

iki. Tatmak için lahana, domates ve tuz ekleyin. Isıyı düşük seviyeye düşürün ve tavayı kapatın. 20 dakika veya lahana yumuşayana kadar pişirin. Fasulyeleri ekleyip 5 dakika daha pişirin. Sıcak servis yapın.

Domates ve Adaçayı Soslu Fasulye

Fagioli all'Uccelletto

8 porsiyon yapar

Bu Toskana fasulyesi, adaçayı ve domates ile av kuşları tarzında pişirilir, dolayısıyla İtalyan adlarıdır.

1 pound kurutulmuş cannellini veya Great Northern fasulyesi, durulanır ve kepçelenir

Tuz

2 dal taze adaçayı

3 büyük diş sarımsak

1 1/4 su bardağı zeytinyağı

3 büyük domates, soyulmuş, çekirdekleri çıkarılmış ve doğranmış veya 2 su bardağı konserve domates

1.Fasulyeleri 2 inç kaplayacak şekilde büyük bir soğuk su kabına koyun. 4 saat ila gece boyunca ıslatmak için buzdolabına koyun.

iki. Fasulyeleri boşaltın ve 1 inç kaplayacak şekilde büyük bir soğuk su kabına koyun. Sıvıyı bir kaynamaya getirin. Fasulyeler yumuşayana kadar örtün ve pişirin, 1 1/2 ila 2 saat. Tat vermek için tuz ekleyin ve 10 dakika bekletin.

3.Büyük bir tencerede, orta ateşte yağda adaçayı ve sarımsağı pişirin, sarımsağı bir kaşığın arkasıyla yassılaştırın, sarımsak altın rengi olana kadar, yaklaşık 5 dakika. Domatesleri ekleyin.

Dört. Fasulyeleri boşaltın, sıvıyı saklayın. Fasulyeleri sosa ekleyin. Fasulyeler kurursa, biraz ayrılmış sıvı ekleyerek 10 dakika pişirin. Sıcak veya oda sıcaklığında servis yapın.

nohut yahnisi

Zimino'daki Ceci

4 ila 6 porsiyon yapar

Bu doyurucu güveç kendi başına iyidir veya bir çorba yapmak için biraz pişmiş makarna veya pirinç ve su veya et suyu ekleyebilirsiniz.

1 orta boy soğan doğranmış

1 diş ince kıyılmış sarımsak

4 yemek kaşığı zeytinyağı

1 pound pazı veya ıspanak, kesilmiş ve doğranmış

Tuz ve taze çekilmiş karabiber

3 1/2 su bardağı pişmiş veya konserve nohut, süzülmüş

sızma zeytinyağı

1. Orta boy bir tencerede, soğan ve sarımsağı yağda orta ateşte altın rengi olana kadar 10 dakika pişirin. Zevkinize göre pazı ve tuzu ekleyin. Örtün ve 15 dakika pişirin.

iki. Nohutları biraz pişirme sıvısı veya suyu ile tatmak için tuz ve karabiber ekleyin. Örtün ve 30 dakika daha pişirin. Ara sıra karıştırarak nohutların bir kısmını kaşığın tersiyle ezin. Karışım çok kuru olursa biraz daha sıvı ekleyin.

3. Servis yapmadan önce biraz soğumaya bırakın. Dilerseniz üzerine biraz sızma zeytinyağı gezdirin

Acı Sebzeli Bakla

Favori e Cicoria

4 ila 6 porsiyon yapar

Kuru bakla, topraksı ve hafif acı bir tada sahiptir. Onları satın alırken, soyulmuş çeşidi arayın. Biraz daha pahalıdırlar, ancak sert deriden kaçınmak için buna değer. Ayrıca kabuklu baklalardan daha hızlı pişerler. Kuru ve soyulmuş baklaları etnik pazarlarda ve doğal gıdalarda uzmanlaşmış olanlarda bulabilirsiniz.

Bu tarif, pratikte ulusal yemek olduğu Puglia'dan. Radicchio, brokoli rabe, şalgam yeşillikleri veya karahindiba yeşillikleri gibi her türlü acı yeşillik kullanılabilir. Sebzeleri pişirirken bir tutam ezilmiş kırmızı biber eklemeyi severim ama bu geleneksel değil.

8 ons kuru bakla, soyulmuş, durulanmış ve süzülmüş

1 orta boy haşlanmış patates, soyulmuş ve 1 inçlik parçalar halinde kesilmiş

Tuz

1 pound radicchio veya karahindiba yeşillikleri, kesilmiş

1 1/4 su bardağı sızma zeytinyağı

1 diş ince kıyılmış sarımsak

bir tutam ezilmiş kırmızı biber

1. Fasulyeleri ve patatesleri büyük bir tencereye koyun. 1/2 inç kaplayacak şekilde soğuk su ekleyin. Bir kaynamaya getirin ve fasulyeler çok yumuşak olana ve dağılana ve tüm suyu emilene kadar pişirin.

iki. Tat vermek için tuz ekleyin. Fasulyeleri bir kaşığın arkası veya patates ezeceği ile ezin. Yağı ekleyin.

3. Kaynatmak için büyük bir su kabı getirin. Tatmak için sebzeleri ve tuzu ekleyin. Sebzelerin çeşidine göre 5 ila 10 dakika yumuşayana kadar pişirin. İyice süzün.

Dört. Tencereyi kurutun. Yağ, sarımsak ve ezilmiş kırmızı biberi ekleyin. Sarımsak altın kahverengi olana kadar orta ateşte pişirin, yaklaşık 2 dakika. Süzülen sebzeleri ve tuzu damak zevkinize göre ekleyin. İyice karıştırın.

5. Fasulye püresini servis tabağına yayın. Üzerine sebzeleri dizin. İsterseniz daha fazla yağ püskürtün. Sıcak veya ılık servis yapın.

Taze bakla, Roma usulü

en sevdiğin roman

4 porsiyon yapar

Taze bakla, orta ve güney İtalya'da önemli bir bahar sebzesidir. Romalılar onları kabuğundan çıkarmayı ve genç pecorino'ya eşlik etmek için çiğ yemeyi severler. Fasulye ayrıca bezelye ve enginar gibi diğer bahar sebzeleriyle de pişirilir.

Fasulyeler çok genç ve yumuşaksa, her bir çekirdeği kaplayan ince kabuğu soymak gerekli değildir. Birini kabuklu, diğerini yumuşak olup olmadığına karar vermeden yemeyi deneyin.

Taze fasulyenin tadı ve dokusu kuru fasulyeden tamamen farklıdır, bu nedenle birini diğerinin yerine koymayınız. Taze fava bulamıyorsanız, birçok İtalyan ve Orta Doğu pazarında satılan donmuş fasulyeleri arayın. Taze veya donmuş lima fasulyesi de bu yemekte işe yarar.

1 küçük soğan ince doğranmış

4 ons pancetta, doğranmış

2 yemek kaşığı zeytinyağı

4 pound taze lima fasulyesi, kabuklu (yaklaşık 3 bardak)

Tuz ve taze çekilmiş karabiber

1 1/4 su bardağı su

1. Orta boy bir tavada, soğanı ve pancettayı zeytinyağında orta ateşte 10 dakika veya altın rengi olana kadar pişirin.

iki. Fasulyeleri ve tuzu ve karabiberi tadına ekleyin. Suyu ekleyin ve ısıyı azaltın. Tencereyi kapatın ve 5 dakika veya fasulyeler neredeyse yumuşayana kadar pişirin.

3. Tavayı açın ve fasulye ve pancetta hafifçe kızarana kadar yaklaşık 5 dakika pişirin. Sıcak servis yapın.

Taze bakla, Umbria tarzı

Scafata

6 porsiyon yapar

Bakla kabukları, çok eski olduklarını gösterecek şekilde sert ve gevrek olmalı, buruşmuş veya duygusal olmamalıdır. Bakla ne kadar küçük olursa, fasulyeler o kadar yumuşak olur. 1 bardak kabuklu fasulye için bakladaki 1 kilo taze fasulye.

2 1/2 pound taze lima fasulyesi, kabuklu veya 2 su bardağı dondurulmuş lima fasulyesi

1 pound pazı, kesilmiş ve 1/2 inçlik şeritler halinde kesilmiş

1 doğranmış soğan

1 orta boy havuç, doğranmış

1 doğranmış kereviz kaburga

1 1/4 su bardağı zeytinyağı

1 çay kaşığı tuz

taze çekilmiş karabiber

1 orta boy olgun domates, soyulmuş, çekirdekleri çıkarılmış ve doğranmış

1. Orta boy bir tencerede domates hariç tüm malzemeleri karıştırın. Kapağını kapatın ve ara sıra karıştırarak 15 dakika veya fasulyeler yumuşayıncaya kadar pişirin. Sebzeler birbirine yapışmaya başlarsa biraz su ekleyin.

iki. Domatesi ekleyin ve 5 dakika kapağın altında pişirin. Sıcak servis yapın.

Yağlı ve Limonlu Brokoli

tarımsal brokoli

6 porsiyon yapar

Güney İtalya'da pek çok pişmiş sebzeyi sunmanın temel yolu budur. Her zaman oda sıcaklığında servis edilirler.

1 1/2 kilo brokoli

Tuz

1 1/4 su bardağı sızma zeytinyağı

1 ila 2 yemek kaşığı taze limon suyu

Süslemek için limon dilimleri

1. Brokoliyi büyük çiçeklere ayırın. Sapların uçlarını kesin. Döner bıçaklı sebze soyucu ile sert cildi çıkarın. Kalın sapları çapraz olarak 1/4 inçlik dilimler halinde kesin.

iki. Kaynatmak için büyük bir su kabı getirin. Brokoli ve tuzu damak zevkinize göre ekleyin. Brokoli yumuşayana kadar pişirin, 5 ila 7 dakika. Süzün ve soğuk akan su altında hafifçe soğutun.

3. Brokoliyi yağ ve limon suyuyla gezdirin. Limon dilimleri ile süsleyin. Oda sıcaklığında servis yapın.

Brokoli, Parma Tarzı

Brokoli alla Parmigiana

4 porsiyon yapar

Değişiklik olsun diye bu yemeği karnabahar ve brokoli karışımıyla yapın.

1½ kilo brokoli

Tuz

3 yemek kaşığı tuzsuz tereyağı

taze çekilmiş karabiber

½ su bardağı taze rendelenmiş Parmigiano-Reggiano

1.Brokoliyi büyük çiçeklere ayırın. Sapların uçlarını kesin. Döner bıçaklı sebze soyucu ile sert cildi çıkarın. Kalın sapları çapraz olarak 1/4 inçlik dilimler halinde kesin.

iki. Kaynatmak için büyük bir su kabı getirin. Brokoli ve tuzu damak zevkinize göre ekleyin. Brokoli kısmen pişene kadar pişirin, yaklaşık 5 dakika. Süzün ve soğuk su ile soğutun.

3. Fırının ortasına bir raf yerleştirin. Fırını 375 °F'ye ısıtın. Brokoliyi tutacak kadar büyük bir fırın tepsisini yağlayın.

Dört. Mızrakları hazırlanan tabağa hafifçe üst üste gelecek şekilde yerleştirin. Tereyağı ile çiseleyin ve karabiber serpin. Üzerine peynir serpin.

5. 10 dakika veya peynir eriyene ve hafifçe kızarana kadar pişirin. Sıcak servis yapın.

Sarımsak ve acı biber ile brokoli rabe

Peperoncino ile Cime di Monkfish

4 porsiyon yapar

Brokoli rabe'yi tatlandırmak söz konusu olduğunda bu tariften daha iyi olamaz. Bu yemek brokoli veya karnabahar ile de yapılabilir. Bazı versiyonlar, sarımsak ve yağda sotelenmiş hamsileri içerir veya lezzetli bir tat için bir avuç zeytin eklemeyi deneyin. Bu aynı zamanda makarna için harika bir tepesi yapar.

1½ pound brokoli rabe

Tuz

3 yemek kaşığı zeytinyağı

2 büyük diş sarımsak, ince dilimlenmiş

bir tutam ezilmiş kırmızı biber

1. Brokoli kabuğunu çiçeklerine ayırın. Sapların tabanını kesin. Sapların soyulması isteğe bağlıdır. Her çiçeği çapraz olarak 2 veya 3 parçaya kesin.

iki. Kaynatmak için büyük bir su kabı getirin. Brokoli kabuğunu ve tuzu damak zevkinize göre ekleyin. Brokoli neredeyse yumuşayana kadar pişirin, yaklaşık 5 dakika. Tahliye etmek.

3. Tencereyi kurulayın ve yağ, sarımsak ve kırmızı biberi ekleyin. Sarımsak hafifçe kızarana kadar orta ateşte pişirin, yaklaşık 2 dakika. Brokoli ve bir tutam tuz ekleyin. İyice karıştırın. Örtün ve yumuşayana kadar pişirin, 3 dakika daha. Sıcak veya oda sıcaklığında servis yapın.

Prosciutto ile Brokoli

Kızarmış Brokoli

4 porsiyon yapar

Bu tarifteki brokoli çatalla ezilecek kadar yumuşayana kadar pişirilir. Garnitür olarak servis yapın veya crostini için kızarmış İtalyan ekmeğinin üzerine yayın.

11/2 kilo brokoli

Tuz

11/4 su bardağı zeytinyağı

1 orta boy soğan doğranmış

1 diş ince kıyılmış sarımsak

4 ince dilim ithal İtalyan prosciutto, çapraz olarak ince şeritler halinde kesilmiş

1. Brokoliyi büyük çiçeklere ayırın. Sapların uçlarını kesin. Döner bıçaklı sebze soyucu ile sert cildi çıkarın. Kalın sapları çapraz olarak 1/4 inçlik dilimler halinde kesin.

iki. Kaynatmak için büyük bir su kabı getirin. Brokoli ve tuzu damak zevkinize göre ekleyin. Brokoli kısmen pişene kadar pişirin, yaklaşık 5 dakika. Süzün ve soğuk su ile soğutun.

3. Tencereyi kurulayın ve yağ, soğan ve sarımsağı ekleyin. Altın kahverengi olana kadar orta ateşte pişirin, yaklaşık 10 dakika. Brokoliyi ekleyin. Örtün ve ısıyı düşük seviyeye indirin. Brokoli yumuşayana kadar pişirin, yaklaşık 15 dakika.

Dört. Brokoliyi patates ezici veya çatalla ezin. Prosciutto'yu ekleyin. Tuz ve karabiberle tatmak için baharatlayın. Sıcak servis yapın.

Brokoli Rabe ile Ekmek Isırıkları

Cime di Rape ile Mursi

4 porsiyon yapar

Minestra, makarna veya pirinçle yapılan kalın bir çorba veya Puglia'dan küpler halinde ekmek içeren doyurucu bir sebze yemeği olabilir. Muhtemelen tutumlu bir ev hanımı tarafından artık ekmek ve dolduracak bir sürü ağzı olan bir ev kadını tarafından icat edilmiş olsa da, ilk yemek için veya kaburga veya domuz pirzolası ile garnitür olarak yeterince lezzetlidir.

11/2 pound brokoli rabe

3 diş sarımsak, ince dilimlenmiş

bir tutam ezilmiş kırmızı biber

1/3 su bardağı zeytinyağı

4 ila 6 dilim (1/2 inç kalınlığında) İtalyan veya Fransız ekmeği, küçük parçalar halinde kesilmiş

1. Brokoli kabuğunu çiçeklerine ayırın. Sapların tabanını kesin. Sapların soyulması isteğe bağlıdır. Her çiçeği çapraz olarak 1 inçlik parçalar halinde kesin.

iki. Kaynatmak için büyük bir su kabı getirin. Brokoli kabuğunu ve tuzu damak zevkinize göre ekleyin. Brokoli neredeyse yumuşayana kadar pişirin, yaklaşık 5 dakika. Tahliye etmek.

3. Büyük bir tavada, sarımsak ve kırmızı dolmalık biberi yağda 1 dakika pişirin. Ekmek küplerini ekleyin ve sık sık karıştırarak ekmek hafifçe kızarana kadar yaklaşık 3 dakika pişirin.

Dört. Brokoli kabuğunu ve bir tutam tuzu ekleyin. Karıştırarak, 5 dakika daha pişirin. Sıcak servis yapın.

Pastırma ve domates ile brokoli rabe

Cime di Monkfish al Pomodori

4 porsiyon yapar

Bu tarifte pancetta, soğan ve domatesin etli aroması brokolinin cesur lezzetini tamamlıyor. Bu, biraz sıcak pişmiş makarna ile karıştırmak için harika olacak yemeklerden bir diğeri.

1 1/2 pound brokoli rabe

Tuz

2 yemek kaşığı zeytinyağı

2 kalın dilim pastırma, doğranmış

1 orta boy soğan doğranmış

bir tutam ezilmiş kırmızı biber

1 su bardağı doğranmış konserve domates

2 yemek kaşığı kuru beyaz şarap veya su

1.Brokoli kabuğunu çiçeklerine ayırın. Sapların tabanını kesin. Sapların soyulması isteğe bağlıdır. Her çiçeği çapraz olarak 1 inçlik parçalar halinde kesin.

iki. Kaynatmak için büyük bir su kabı getirin. Brokoli kabuğunu ve tuzu damak zevkinize göre ekleyin. Brokoli neredeyse yumuşayana kadar pişirin, yaklaşık 5 dakika. Tahliye etmek.

3.Yağı büyük bir tavaya dökün. Pancetta, soğan ve kırmızı dolmalık biberi ekleyin ve soğan yarı saydam olana kadar yaklaşık 5 dakika orta ateşte pişirin. Domates, şarap ve bir tutam tuz ekleyin. 10 dakika daha veya kalınlaşana kadar pişirin.

Dört. Brokoli rabe ekleyin ve yaklaşık 2 dakika ısıtılana kadar pişirin. Sıcak servis yapın.

Küçük Sebzeli Kekler

Frittele di Erbe di Campo

8 porsiyon yapar

Sicilya'da bu küçük sebze krepleri acı yabani sebzelerle yapılır. Brokoli rabe, hardal yeşillikleri, hodan veya radicchio kullanabilirsiniz. Bu küçük kekler geleneksel olarak Paskalya zamanlarında meze veya garnitür olarak yenir. Ya sıcaktırlar ya da oda sıcaklığındadırlar.

1 1/2 pound brokoli rabe

Tuz

4 büyük yumurta

2 yemek kaşığı rendelenmiş caciocavallo veya Pecorino Romano

Tuz ve taze çekilmiş karabiber

2 yemek kaşığı zeytinyağı

1. Brokoli kabuğunu çiçeklerine ayırın. Sapların tabanını kesin. Sapların soyulması isteğe bağlıdır. Her çiçeği çapraz olarak 1 inçlik parçalar halinde kesin.

iki. Kaynatmak için büyük bir su kabı getirin. Brokoli kabuğunu ve tuzu damak zevkinize göre ekleyin. Brokoli neredeyse yumuşayana kadar pişirin, yaklaşık 5 dakika. Tahliye etmek. Biraz soğumaya bırakın, ardından suyu sıkın. Brokoli kabuğunu doğrayın.

3. Büyük bir kapta yumurta, peynir, tuz ve karabiberi tatmak için çırpın. Sebzeleri ekleyin.

Dört. Yağı büyük bir tavada orta ateşte ısıtın. Karışımdan bir çorba kaşığı alıp tavaya koyun. Küçük bir gözleme oluşturmak için karışımı bir kaşıkla düzleştirin. Kalan karışımla tekrarlayın. Keklerin 1 tarafı hafifçe kızarana kadar yaklaşık 2 dakika pişirin, ardından bir spatula ile ters çevirin ve diğer tarafı altın kahverengi olana kadar pişirin ve pişene kadar pişirin. Sıcak veya oda sıcaklığında servis yapın.

kızarmış karnabahar

Cavolfiore Fritte

4 porsiyon yapar

Normalde bu çok yönlü sebzeyi sevmeyen birine bu şekilde hazırlanmış karnabahar servis etmeyi deneyin ve kesinlikle dönüşeceksiniz. Gevrek peynir aromalı kaplama, yumuşak karnabaharla harika bir kontrast sağlar. Bunlar, parti mezeleri olarak atılabilir veya ızgara pirzola ile garnitür olarak servis edilebilir. En iyi doku için, pişirdikten hemen sonra servis yapın.

1 küçük karnabahar (yaklaşık 1 pound)

Tuz

1 su bardağı kuru galeta unu

3 büyük yumurta

1/2 su bardağı taze rendelenmiş Parmigiano-Reggiano

taze çekilmiş karabiber

Sebze yağı

Limon dilimleri

1.Karnabaharı 2 inçlik çiçeklere ayırın. Sapların uçlarını kesin. Kalın sapları çapraz olarak 1/4 inçlik dilimler halinde kesin.

iki.Kaynatmak için büyük bir su kabı getirin. Tat vermek için karnabahar ve tuz ekleyin. Karnabahar neredeyse yumuşayana kadar pişirin, yaklaşık 5 dakika. Süzün ve soğuk su ile soğutun.

3.Ekmek kırıntılarını sığ bir tabağa koyun. Küçük bir kapta yumurta, peynir, tuz ve karabiberi tatmak için çırpın. Karnabahar parçalarını yumurtaya batırın, ardından galeta ununa bulayın. 15 dakika boyunca bir rafta kurumaya bırakın.

Dört.Yağı büyük, derin bir tavaya 1/2 inç derinliğe kadar dökün. Tavaya düşen yumurta karışımının bir kısmı cızırdayıp çabucak pişene kadar orta ateşte ısıtın. Bu arada, bir tepsiye kağıt havlu koyun.

5.Tencereye dokunmadan rahatça sığacak kadar karnabahar parçası yerleştirin. Parçaları maşayla çevirerek altın rengi ve gevrek olana kadar yaklaşık 6 dakika kızartın. Karnabaharı kağıt havlu üzerine boşaltın. Kalan karnabahar ile tekrarlayın.

6.Karnabaharı limon dilimleri ile sıcak olarak servis edin.

Ezilmiş Karnıbahar

Puréa di Cavolfiore

4 porsiyon yapar

Sıradan patates püresi gibi görünse de bu patates ve karnabahar püresi çok daha hafif ve lezzetli. Patates püresinden hoş bir değişiklik ve hatta doyurucu bir güveçle servis edilebilir.Haşlanmış dana budu.

1 küçük karnabahar (yaklaşık 1 pound)

3 orta boy haşlanmış patates, soyulmuş ve dörde bölünmüş

Tuz

1 yemek kaşığı tuzsuz tereyağı

2 yemek kaşığı rendelenmiş Parmigiano-Reggiano

taze çekilmiş karabiber

1. Karnabaharı 2 inçlik çiçeklere ayırın. Sapların uçlarını kesin. Kalın sapları çapraz olarak 1/4 inçlik dilimler halinde kesin.

iki. Tüm sebzeleri alacak kadar büyük bir tencerede, patatesleri 3 litre soğuk su ve tadına göre tuz ile birleştirin. Bir kaynamaya getirin ve 5 dakika pişirin.

3. Karnabaharı ekleyin ve sebzeler çok hassas olana kadar yaklaşık 10 dakika pişirin. Karnabahar ve patatesleri süzün. Elektrikli mikser veya el mikseri ile pürüzsüz olana kadar karıştırın. Onları çok fazla dövmeyin yoksa patatesler yapışkan hale gelir.

Dört. Tat vermek için tereyağı, peynir, tuz ve karabiber ekleyin. Sıcak servis yapın.

Karnabahar Kızartması

Cavolfiore al Forno

4 ila 6 porsiyon yapar

Karnabahar, hafifçe kızarana kadar kavrulduğunda yumuşaktan lezzetli hale gelir. Bir değişiklik için, pişmiş karnabaharı biraz balzamik sirke ile atın.

1 orta boy karnabahar (yaklaşık 1 1/2 pound)

1 1/4 su bardağı zeytinyağı

Tuz ve taze çekilmiş karabiber

1. Karnabaharı 2 inçlik çiçeklere ayırın. Sapların uçlarını kesin. Kalın sapları çapraz olarak 1/4 inçlik dilimler halinde kesin.

iki. Fırının ortasına bir raf yerleştirin. Fırını 350°F'ye önceden ısıtın. Karnabaharı, tek bir tabaka halinde tutacak kadar büyük bir kızartma tavasına yayın. Yağ ve cömert bir tutam tuz ve karabiber ile atın.

3.Ara sıra karıştırarak 45 dakika veya karnabahar yumuşayana ve hafifçe kızarana kadar pişirin. Sıcak servis yapın.

boğulmuş karnabahar

Cavolfiore Stufato

4 ila 6 porsiyon yapar

Bazı insanlar karnabaharın duygusal olduğunu söylüyor ama ben onun yumuşak tadı ve kremsi dokusunun lezzetli malzemeler için mükemmel bir fon olduğunu söylüyorum.

1 orta boy karnabahar (yaklaşık 1 1/2 pound)

3 yemek kaşığı zeytinyağı

1 1/4 su bardağı su

2 diş sarımsak, ince dilimlenmiş

Tuz

1 1/2 su bardağı yumuşak siyah zeytin, örneğin Gaeta, çekirdeksiz ve dilimlenmiş

4 hamsi, doğranmış (isteğe bağlı)

2 yemek kaşığı doğranmış taze maydanoz

1. Karnabaharı 2 inçlik çiçeklere ayırın. Sapların uçlarını kesin. Kalın sapları çapraz olarak 1/4 inçlik dilimler halinde kesin.

iki. Yağı büyük bir tavaya dökün ve karnabaharı ekleyin. Karnabahar kahverengileşmeye başlayana kadar orta ateşte pişirin. Suyu, sarımsağı ve bir tutam tuzu ekleyin. Karnabahar bir bıçakla delindiğinde yumuşayana ve su buharlaşana kadar örtün ve yaklaşık 10 dakika pişirin.

3. Zeytin, hamsi ve maydanozu ekleyip iyice karıştırın. ara sıra karıştırarak 2 dakika daha üstü açık pişirin. Sıcak servis yapın.

Maydanoz ve Soğanlı Karnabahar

Cavolfiore Trifolat

4 ila 6 porsiyon yapar

Soğan, sarımsak ve maydanoz, bu karnabaharı tavada hafifçe buğulanırken tatlandırır.

1 orta boy karnabahar (yaklaşık 1 1/2 pound)

2 yemek kaşığı zeytinyağı

1 orta boy soğan, ince dilimlenmiş

2 diş sarımsak ince kıyılmış

2 yemek kaşığı su

1 1/4 su bardağı doğranmış taze maydanoz

Tuz ve taze çekilmiş karabiber

1. Karnabaharı 2 inçlik çiçeklere ayırın. Sapların uçlarını kesin. Döner bıçaklı sebze soyucu ile sert cildi çıkarın.

Kalın sapları çapraz olarak 1/4 inçlik dilimler halinde kesin.

iki. Geniş bir tavada soğan ve sarımsağı zeytinyağında kavurun ve ara sıra karıştırarak 5 dakika pişirin.

3.Karnabahar, su, maydanoz ve tadına göre tuz ve karabiber ekleyin. İyice karıştırın. Tencerenin kapağını kapatın ve karnabahar yumuşayana kadar 15 dakika daha pişirin. Sıcak servis yapın.

tereyağı halkaları

Bussolai

36 kişilik

Bu Venedik kurabiyelerinin yapımı kolaydır ve öğlen atıştırması için veya misafirler geçerken evin etrafında dolaşmak bir zevktir.

1 su bardağı şeker

1 1/2 su bardağı (1 çubuk) tuzsuz tereyağı, oda sıcaklığında

3 büyük yumurta sarısı

1 çay kaşığı limon kabuğu rendesi

1 çay kaşığı portakal kabuğu rendesi

1 çay kaşığı saf vanilya özü

2 fincan çok amaçlı un

1 1/2 çay kaşığı tuz

1 yumurta akı, köpürene kadar çırpılmış

1.1/3 su bardağı şeker ayırın.

iki.Elektrikli bir karıştırıcının büyük kasesinde, kalan 2/3 bardak şekerle tereyağını orta hızda hafif ve kabarık olana kadar yaklaşık 2 dakika çırpın. Yumurta sarılarını birer birer çırpın. Limon ve portakal kabuğu rendesini ve vanilya özünü ekleyin ve kasenin kenarlarını kazıyarak pürüzsüz olana kadar yaklaşık 2 dakika daha çırpın.

3.Un ve tuzu iyice karışana kadar karıştırın. Hamuru bir top haline getirin. Plastik sargıya sarın ve 1 saat ila gece boyunca soğutun.

Dört.Fırını 325 °F'ye ısıtın. 2 büyük fırın tepsisini yağlayın. Hamuru 6 parçaya kesin. Her parçayı tekrar 6 parçaya bölün. Her parçayı 4 inçlik ipe yuvarlayın, bir halka oluşturun ve uçları bir araya getirerek mühürleyin. Boşluk, hazırlanmış fırın tepsilerinde bir inç aralıklarla çalar. Yumurta akı ile hafifçe fırçalayın ve ayrılmış 1/3 su bardağı şeker serpin.

5. 15 dakika veya hafif altın rengi olana kadar pişirin. 2 telli soğutma rafını hazır bulundurun.

6. Fırın tepsilerini raflara aktarın. Çerezleri fırın tepsisinde 5 dakika soğumaya bırakın, ardından tamamen soğuması için tel raflara aktarın. 2 haftaya kadar hava geçirmez bir kapta saklayın.

limon düğümleri

Tarralucci

40 yıl önce

Brooklyn, New York'taki her İtalyan fırını, ben çocukken bu canlandırıcı Sicilya Limonlu Kurabiyeleri yaptı. Onlara buzlu çay ikram etmeyi seviyorum.

Hava sıcak ve nemliyse, buzlanma oda sıcaklığında sertleşmeyi reddedebilir. Bu durumda, çerezleri buzdolabında saklayın.

4 su bardağı çok amaçlı un

4 çay kaşığı kabartma tozu

1 su bardağı şeker

1 1/2 su bardağı katı sebze kısalması

3 büyük yumurta

1 1/2 su bardağı süt

2 yemek kaşığı limon suyu

2 çay kaşığı limon kabuğu rendesi

Buz oluşumu

11/2 su bardağı pudra şekeri

1 yemek kaşığı taze sıkılmış limon suyu

2 çay kaşığı limon kabuğu rendesi

Süt

1. Unu ve kabartma tozunu yağlı kağıt üzerine eleyin.

iki. Büyük bir kapta, orta hızda elektrikli karıştırıcı ile şeker ve tereyağını hafif ve kabarık olana kadar yaklaşık 2 dakika çırpın. İyice karışana kadar yumurtaları birer birer çırpın. Sütü, limon suyunu ve kabuğunu ekleyin. Kasenin kenarlarını kazıyın. Pürüzsüz olana kadar kuru malzemeleri karıştırın, yaklaşık 2 dakika. Plastik sargı ile örtün ve en az 1 saat soğutun.

3. Fırını 350°F'ye önceden ısıtın. 2 büyük fırın tepsisini hazırlayın. Golf topu büyüklüğünde bir hamur parçasını sıkın. Hamuru 6 inçlik bir ipe hafifçe yuvarlayın. Halatı bir düğümle bağlayın. Düğümü yağlanmamış bir fırın tepsisine yerleştirin. Düğümleri yapmaya ve yaprakların üzerine yaklaşık 1 inç aralıklarla yerleştirmeye devam edin.

Dört. Kurabiyeleri 12 dakika ya da üstüne basıldığında sertleşene kadar ama kahverengi olmayana kadar pişirin. 2 telli soğutma rafını hazır bulundurun.

5. Fırın tepsilerini raflara aktarın. Çerezleri fırın tepsisinde 5 dakika soğumaya bırakın, ardından tamamen soğuması için tel raflara aktarın.

6. Büyük bir kapta pudra şekeri, limon suyu ve kabuğu rendesini birleştirin. Sütü birer birer 1 çay kaşığı ekleyin ve karışım krema kıvamında ince bir buz tabakası oluşturana kadar karıştırın.

7.Kurabiyelerin üst kısımlarını kremaya batırın. Buzlanma sertleşene kadar bir tel raf üzerine yerleştirin. Hava geçirmez kaplarda 3 güne kadar saklayın.

baharatlı kurabiye

Bicciolani

75 yapar

Torino kafelerinde yarı kahve yarı sıcak çikolata karışımı barbajada sipariş edebilirsiniz. Bu tereyağlı ince baharatlı kurabiyelerle mükemmel olurdu.

1 su bardağı (2 çubuk) tuzsuz tereyağı, oda sıcaklığında

1 su bardağı şeker

1 yumurta sarısı

2 fincan çok amaçlı un

1 1/2 çay kaşığı tuz

1 çay kaşığı öğütülmüş tarçın

1/8 çay kaşığı taze rendelenmiş hindistan cevizi

1/8 çay kaşığı öğütülmüş karanfil

1. Fırını 350°F'ye önceden ısıtın. 15×10×1 inçlik jöle rulo tavasını yağlayın.

iki. Bir kapta un, tuz ve baharatları karıştırın.

3. Büyük bir elektrikli karıştırıcı kasesinde tereyağı, şeker ve yumurta sarısını orta hızda hafif ve kabarık olana kadar yaklaşık 2 dakika çırpın. Hızı düşük seviyeye düşürün ve iyice karışana kadar yaklaşık 2 dakika daha kuru malzemeler ekleyin.

Dört. Hazırlanan tavaya hamuru ufalayın. Ellerinizle, eşit bir tabaka oluşturmak için hamurun üzerine sıkıca bastırın. Çatalın arkası ile hamurun üst kısmına sığ oluklar açın.

5. 25 ila 30 dakika veya hafif altın rengi olana kadar pişirin. Soğutmak için tavayı bir tel rafa aktarın. 10 dakika soğumaya bırakın. Daha sonra hamuru 2×1 inçlik kurabiyeler şeklinde kesin.

6. Tavada tamamen soğumaya bırakın. Hava geçirmez bir kapta oda sıcaklığında 2 haftaya kadar saklayın.

gofret kurabiyeleri

pizza

yaklaşık 2 düzine yapar

Orta ve güney İtalya'daki birçok aile, geleneksel olarak bu güzel gofretleri yapmak için kullanılan güzel hazırlanmış şekiller olan pizzelle tabakalarıyla gurur duyuyor. Bazı tabaklarda orijinal sahibinin baş harfleri işlenirken, diğerlerinde bir kadeh şarapla kadeh kaldıran bir çift gibi silüetler bulunur. Bir zamanlar tipik bir düğün hediyesiydiler.

Büyüleyici olmasına rağmen, bu eski moda ütüler, günümüzün set üstü ocaklarında ağır ve hantaldır. Waffle makinesine benzer bir elektrikli pizza presi, bu kurabiyeleri çıkarmak için hızlı ve verimli bir iş çıkarır.

Taze yapıldığında, pizzalar esnektir ve bir koni, tüp veya fincan şeklinde kalıplanabilir. Çırpılmış krema, dondurma, cannoli kreması veya meyve ile doldurulabilirler. Kısa sürede soğurlar ve gevrek olurlar, bu yüzden onları şekillendirmek için hızlı ve dikkatli çalışın. Tabii ki, onlar da iyi planlar.

1 3/4 su bardağı ağartılmamış çok amaçlı un

1 çay kaşığı kabartma tozu

Bir tutam tuz

3 büyük yumurta

iki/3 su bardağı şeker

1 yemek kaşığı saf vanilya özü

1 çubuk (1/2 su bardağı) tuzsuz tereyağı, eritilmiş ve soğutulmuş

1. Pizzelle yapımcısını üreticinin talimatlarına göre önceden ısıtın. Bir kapta un, kabartma tozu ve tuzu karıştırın.

iki. Büyük bir kapta yumurtaları, şekeri ve vanilyayı orta hızda bir elektrikli karıştırıcı ile koyu ve hafif olana kadar yaklaşık 4 dakika çırpın. Tereyağı karıştırın.

Harmanlanana kadar kuru malzemeleri karıştırın, yaklaşık 1 dakika.

3.Her bir pizza tepsisinin ortasına yaklaşık 1 yemek kaşığı meyilli dökün. (Tam miktar, kalıp tasarımına bağlı olacaktır.) Kapağı kapatın ve hafif altın rengi olana kadar pişirin. Bu, üreticiye ve kalıbın ne kadar süreyle ısıtıldığına bağlı olacaktır. 30 saniye sonra dikkatlice kontrol edin.

Dört. Pizzelle altın rengi olduğunda, tahta veya plastik bir spatula ile tavalardan çıkarın. Tel raf üzerinde soğumaya bırakın. Veya kurabiye kapları yapmak için her bir pizzeli geniş bir kahve veya tatlı fincanının kıvrımına katlayın. Cannoli kabukları yapmak için, onları cannoli tüpleri veya tahta bir dübel etrafında şekillendirin.

5.Pizzelle serin ve gevrek olduğunda, kullanıma hazır olana kadar hava geçirmez bir kapta saklayın. Bunlar birkaç hafta sürer.

Varyasyon: Anason: Vanilya yerine 1 yemek kaşığı anason özü ve 1 yemek kaşığı anason tohumu koyun. Portakal veya

Limon: Yumurta karışımına 1 yemek kaşığı rendelenmiş taze portakal veya limon kabuğu rendesi ekleyin. Rom veya Badem – Vanilya yerine 1 yemek kaşığı rom veya badem özü ekleyin. Ceviz: Un ile birlikte çok ince bir toz haline gelene 1/4 fincan ceviz ekleyin.

tatlı mantı

Dolci Mantı

2 düzine yapar

Reçel bu çıtır tatlı mantıyı doldurur. Herhangi bir lezzet, kalın bir kıvama sahip olduğu sürece yerinde kalır ve pişerken hamurdan dışarı sızmaz. Bu, annesinin yaptığı kurabiyelerle ilgili anılarından yola çıkarak mükemmelleştiren babamın en sevdiği tariflerden biriydi.

1 3/4 su bardağı çok amaçlı un

1 1/2 su bardağı patates veya mısır nişastası

1 1/2 çay kaşığı tuz

1 1/2 su bardağı (1 çubuk) tuzsuz tereyağı, oda sıcaklığında

1 1/2 su bardağı şeker

1 büyük yumurta

2 yemek kaşığı rom veya brendi

1 çay kaşığı limon kabuğu rendesi

1 çay kaşığı saf vanilya özü

1 su bardağı kalın vişne, ahududu veya kayısı reçeli

1. Büyük bir kapta un, nişasta ve tuzu birlikte eleyin.

iki. Elektrikli karıştırıcılı büyük bir kapta, tereyağını şekerle hafif ve kabarık olana kadar yaklaşık 2 dakika çırpın. Yumurta, rom, lezzet ve vanilyayı çırpın. Düşük hızda kuru malzemeleri ekleyin.

3. Hamuru yarıya böl. Her yarım ile bir disk oluşturun. Her birini ayrı ayrı plastiğe sarın ve 1 saat ila gece boyunca soğutun.

Dört. Fırını 350°F'ye önceden ısıtın. 2 büyük fırın tepsisini yağlayın.

5. Hamuru 1/8 inç kalınlığa kadar açın. Bir pasta kesici veya oluklu hamur kullanarak hamuru 2 inç kareler halinde kesin. Hazırlanan fırın tepsilerinde kareleri yaklaşık 1 inç aralıklarla yerleştirin. Her karenin ortasına

kaşık 1/2 çay kaşığı reçel. (Daha fazla reçel kullanmayın yoksa dolgu pişerken dökülecektir.)

6. Kalan hamuru 1/8 inç kalınlığa kadar açın. Hamuru 2 inç kareler halinde kesin.

7. Reçeli hamur kareleriyle örtün. Doldurmayı kapatmak için kenarları bir çatalla bastırın.

8. 16 ila 18 dakika veya hafif altın rengi olana kadar pişirin. 2 telli soğutma rafını hazır bulundurun.

9. Fırın tepsilerini raflara aktarın. Çerezleri fırın tepsisinde 5 dakika soğumaya bırakın, ardından tamamen soğuması için tel raflara aktarın. Pudra şekeri serpin. 1 haftaya kadar hava geçirmez bir kapta saklayın.

"Çirkin ama iyi" kurabiyeler

Brutti ma Buoni

2 düzine yapar

"Çirkin ama iyi", bu Piyemonte kurabiyelerinin adının anlamıdır. İsim sadece yarı doğru: kurabiyeler çirkin değil, ama iyiler. Onları yapma tekniği olağandışıdır. Kurabiye hamuru fırınlanmadan önce bir tencerede pişirilir.

3 büyük yumurta akı, oda sıcaklığında

Bir tutam tuz

1 1/2 su bardağı şeker

1 su bardağı şekersiz kakao tozu

1 1/4 su bardağı fındık, kavrulmuş, soyulmuş ve iri kıyılmış (bkz.ceviz nasıl kızartılır ve soyulur)

1. Fırını 300°F'ye ısıtın. 2 büyük fırın tepsisini yağlayın.

iki.Büyük bir kapta, orta hızda elektrikli karıştırıcı ile yumurta akı ve tuzu köpürene kadar çırpın. Hızı en yükseğe çıkarın ve yavaş yavaş şeker ekleyin. Çırpıcılar kaldırıldığında yumuşak tepe noktaları oluşana kadar çırpın.

3.Düşük hızda kakaoyu ekleyin. Fındıkları ekleyin.

Dört. Karışımı büyük ve ağır bir tencereye dökün. Orta ateşte, tahta bir kaşıkla sürekli karıştırarak, karışım parlak ve pürüzsüz olana kadar yaklaşık 5 dakika pişirin. Yanmamasına dikkat edin.

5.Hazırlanan fırın tepsilerine hemen sıcak meyilli çorba kaşığı dökün. 30 dakika ya da sertleşip üzeri hafif çatlayana kadar pişirin.

6.Çerezler hala sıcakken, ince uçlu metal bir spatula kullanarak soğuması için tel rafa aktarın. 2 haftaya kadar hava geçirmez bir kapta saklayın.

reçel yerleri

Biscotti di Marmelata

40 yıl önce

Bu lezzetli kurabiyelerde çikolata, fındık ve reçel kazanan bir kombinasyon. Noel kurabiyesi tepsilerinde her zaman bir hit olurlar.

3/4 su bardağı (11/2 çubuk) tuzsuz tereyağı, oda sıcaklığında

11/2 su bardağı şeker

11/2 çay kaşığı tuz

3 ons bitter çikolata, eritilmiş ve soğutulmuş

2 fincan çok amaçlı un

31/4 su bardağı ince kıyılmış badem

11/2 su bardağı kalın çekirdeksiz ahududu reçeli

1. Fırını 350°F'ye önceden ısıtın. 2 büyük fırın tepsisini yağlayın.

iki. Büyük bir kapta, orta hızda elektrikli karıştırıcı ile tereyağı, şeker ve tuzu hafif ve kabarık olana kadar yaklaşık 2 dakika çırpın. Eritilmiş çikolatayı ekleyin ve iyice karışana kadar çırpın, kasenin kenarlarını kazıyın. Unu pürüzsüz olana kadar karıştırın.

3. Fındıkları sığ bir kaseye koyun. Hamuru 1 inçlik toplar haline getirin. Topları cevize yuvarlayın, yapışması için hafifçe bastırın. Hazırlanmış fırın tepsilerinde yaklaşık 1 1/2 inç aralıklarla boşluk topları.

Dört. Bir tahta kaşığın sap ucuyla, yuvarlak şekli korumak için hamuru sapın etrafına kalıplayarak, her bir hamur topuna derin bir delik açın. Her kurabiyeye yaklaşık 1/4 çay kaşığı reçel koyun. (Çerezler pişerken eriyip damlayabileceği için daha fazla reçel eklemeyin.)

5. Kurabiyeleri 18 ila 20 dakika veya reçel köpürene ve kurabiyeler hafifçe kızarana kadar pişirin. 2 telli soğutma rafını hazır bulundurun.

6. Fırın tepsilerini raflara aktarın. Çerezleri fırın tepsisinde 5 dakika soğumaya bırakın, ardından tamamen soğuması için tel raflara aktarın. 2 haftaya kadar hava geçirmez bir kapta saklayın.

Ceviz ve duble çikolatalı bisküvi

Biscotti al Cioccolato

4 düzine yapar

Bu zengin bisküvilerin hamurunda hem eritilmiş hem de tıknaz çikolata bulunur. Onları İtalya'da hiç görmedim ama burada kafelerde denediklerime benziyorlar.

2 1/2 su bardağı çok amaçlı un

2 çay kaşığı kabartma tozu

1 1/2 çay kaşığı tuz

3 büyük yumurta, oda sıcaklığında

1 su bardağı şeker

1 çay kaşığı saf vanilya özü

6 ons bitter çikolata, eritilmiş ve soğutulmuş

6 yemek kaşığı (1/2 çubuk artı 2 yemek kaşığı) tuzsuz tereyağı, eritilmiş ve soğutulmuş

1 su bardağı ceviz, iri kıyılmış

1 su bardağı damla çikolata

1.Fırının ortasına bir raf yerleştirin. Fırını 300°F'ye ısıtın. 2 büyük fırın tepsisini yağlayın ve unlayın.

iki.Büyük bir kapta un, kabartma tozu ve tuzu birlikte eleyin.

3.Büyük bir kapta, orta hızda bir elektrikli karıştırıcı ile yumurtaları, şekeri ve vanilyayı köpürene ve hafif olana kadar yaklaşık 2 dakika çırpın. Çikolata ve tereyağı karışana kadar karıştırın. Un karışımını ekleyin ve pürüzsüz olana kadar yaklaşık 1 dakika daha karıştırın. Fındıkları ve damla çikolataları ekleyin.

Dört. Hamuru yarıya böl. Nemli ellerle, hazırlanan fırın tepsisinde her parçayı 12 × 3 inçlik bir kütük haline getirin. 35 dakika veya ortasına basıldığında kütükler sertleşene kadar pişirin. Tavayı fırından çıkarın, ancak ısıyı kapatmayın. 10 dakika soğumaya bırakın.

5.Günlükleri bir kesme tahtası üzerine kaydırın. Günlükleri 1/2 inç kalınlığında dilimler halinde kesin. Dilimleri fırın tepsisine dizin. 10 dakika veya kurabiyeler hafifçe kızarana kadar pişirin.

6.2 büyük soğutma rafını hazır bulundurun. Fırın tepsilerini raflara aktarın. Çerezleri fırın tepsisinde 5 dakika soğumaya bırakın, ardından tamamen soğuması için tel raflara aktarın. 2 haftaya kadar hava geçirmez bir kapta saklayın.

çikolata öpücükleri

Baci di Cioccolato

3 düzine yapar

Çikolata ve vanilya "öpücükleri", çeşitli kombinasyonlarda yapıldıkları Romeo ve Juliet'in evi olan Verona'da favoridir.

1 2/3 su bardağı çok amaçlı un

1/3 su bardağı şekersiz Hollanda usulü kakao tozu, elenmiş

1 1/4 çay kaşığı tuz

1 su bardağı (2 çubuk) tuzsuz tereyağı, oda sıcaklığında

1 1/2 su bardağı pudra şekeri

1 çay kaşığı saf vanilya özü

1/2 su bardağı ince kıyılmış kavrulmuş badem (bkz. ceviz nasıl kızartılır ve soyulur)

dolgu

2 ons yarı tatlı veya acı tatlı çikolata, doğranmış

2 yemek kaşığı tuzsuz tereyağı

1/3 su bardağı badem, kavrulmuş ve ince doğranmış

1.Büyük bir kapta un, kakao ve tuzu birlikte eleyin.

iki.Büyük bir kapta, orta hızda elektrikli karıştırıcı ile tereyağı ve şekeri hafif ve kabarık olana kadar yaklaşık 2 dakika çırpın. Vanilyayı ekleyin. Kuru malzemeleri ve bademleri karışana kadar yaklaşık 1 dakika daha karıştırın. Plastikle örtün ve buzdolabında 1 saat ila gece boyunca soğutun.

3.Fırını 350°F'ye önceden ısıtın. 2 yağsız fırın tepsisini hazırlayın. Hamurdan çay kaşığı dolusu 3/4 inçlik toplar halinde yuvarlayın. Uzay, fırın tepsilerinde bir inç aralıklarla toplar. Topları biraz düzleştirmek için parmaklarınızı kullanarak topların üzerine bastırın. Çerezleri sertleşene kadar pişirin, ancak kahverengi değil, 10 ila 12 dakika. 2 büyük soğutma rafını hazır bulundurun.

Dört. Fırın tepsilerini raflara aktarın. Çerezleri fırın tepsisinde 5 dakika soğumaya bırakın, ardından tamamen soğuması için tel raflara aktarın.

5. Bir çift kazanın veya küçük bir tencerenin alt yarısında kaynamaya yaklaşık 2 inç su getirin. Çikolatayı ve tereyağını benmarinin üst yarısına veya tencerenin üzerine rahatça oturan ısıya dayanıklı küçük bir kaba koyun. Kabı kaynayan suyun üzerine yerleştirin. Çikolata yumuşayana kadar ağzı açık oturalım. Pürüzsüz olana kadar karıştırın. Bademleri ekleyin.

6. Bir kurabiyenin dibine az miktarda dolgu karışımı yayın. Doldurmanın üstüne alt tarafı aşağı bakacak şekilde ikinci bir kurabiye yerleştirin ve hafifçe bastırın. Doldurma ayarlanana kadar çerezleri tel rafa yerleştirin. Çerezlerin geri kalanı ve doldurma ile tekrarlayın. 1 haftaya kadar buzdolabında hava geçirmez bir kapta saklayın.

Fırında Çikolatalı Salamsız

Cioccolato Salam

32 kurabiye yapar

Fırınsız çıtır çikolatalı fındık dilimleri bir Piedmont spesiyalitesidir. Vanilya veya çikolatalı gofretler, graham krakerleri veya tereyağlı kurabiyeler gibi tercih ederseniz, amaretti yerine başka kurabiyeler de kullanılabilir. Tatların birbirine karışmasını sağlamak için birkaç gün önceden yapmak en iyisidir. Likörü kullanmamayı tercih ederseniz, bunun yerine bir çorba kaşığı portakal suyu kullanın.

18 amaretti kurabiyesi

1/3 su bardağı şeker

1 1/2 su bardağı şekersiz kakao tozu

1 1/2 su bardağı (1 çubuk) tuzsuz tereyağı, yumuşatılmış

1 yemek kaşığı grappa veya rom

1/3 su bardağı dövülmüş ceviz

1. Çerezleri plastik bir torbaya koyun. Kurabiyeleri oklava veya ağır bir cisimle ezin. Yaklaşık 3/4 bardak kırıntı olmalıdır.

iki. Kırıntıları büyük bir kaseye koyun. Tahta kaşıkla şeker ve kakaoyu ekleyin. Tereyağı ve grappayı ekleyin. Kuru malzemeler ıslanıp karışana kadar karıştırın. Cevizleri ekleyin.

3. Düz bir yüzeye 14 inçlik bir plastik sargı tabakası yerleştirin. Hamur karışımını plastik sargının üzerine dökün. Hamuru 8 × 21/2 inçlik bir kütük haline getirin. Kütüğü plastik sargıya sarın, uçlarını tamamen kapatmak için katlayın. Günlüğü en az 24 saat ve 3 güne kadar soğutun.

Dört. Günlüğü 1/4 inç kalınlığında dilimler halinde kesin. Soğuk servis yapın. Çerezleri buzdolabında hava geçirmez plastik bir kapta 2 haftaya kadar saklayın.

Bisküvi Prato

Biscotti di Prato

Yaklaşık 4 1/2 düzine yapar

Toskana'daki Prato şehrinde, bunlar bölgenin harika tatlı şarabı olan vin santo'ya daldırılacak klasik bisküvilerdir. Kendi başlarına yenirlerse oldukça kuru olurlar, bu nedenle onları yıkamak için bir içecek sağlayın.

2 1/2 su bardağı çok amaçlı un

1 1/2 çay kaşığı kabartma tozu

1 çay kaşığı tuz

4 büyük yumurta

3 1/4 su bardağı şeker

1 çay kaşığı limon kabuğu rendesi

1 çay kaşığı portakal kabuğu rendesi

1 çay kaşığı saf vanilya özü

1 su bardağı kavrulmuş badem (bkz.ceviz nasıl kızartılır ve soyulur)

1.Fırının ortasına bir raf yerleştirin. Fırını 325 °F'ye ısıtın.Geniş bir fırın tepsisini yağlayın ve unlayın.

iki. Orta boy bir kapta un, kabartma tozu ve tuzu birlikte eleyin.

3.Elektrikli karıştırıcılı büyük bir kapta, yumurtaları ve şekeri orta hızda hafif ve köpürene kadar yaklaşık 3 dakika çırpın. Limon ve portakal kabuğu rendesi ve vanilyayı çırpın. Düşük hızda kuru malzemeleri ekleyin, ardından bademleri ekleyin.

Dört. Ellerinizi hafifçe nemlendirin. Hamuru iki adet 14 × 2 inçlik kütük haline getirin. Günlükleri hazırlanan fırın tepsisine birkaç inç aralıklarla yerleştirin. 30 dakika ya da sert ve altın rengi olana kadar pişirin.

5.Fırın tepsisini fırından çıkarın ve fırın ısısını 300°F'ye düşürün. Kütükleri fırın tepsisinde 20 dakika soğumaya bırakın.

6. Günlükleri bir kesme tahtası üzerine kaydırın. Büyük, ağır bir şef bıçağı kullanarak, günlükleri çapraz olarak 1/2 inç kalınlığında dilimler halinde dilimleyin. Dilimleri fırın tepsisine dizin. 20 dakika veya hafif altın rengi olana kadar pişirin.

7. Çerezleri soğuması için tel raflara aktarın. Hava geçirmez bir kapta saklayın.

Umbrian meyve ve fındık bisküvi

tozzetti

80 yıl önce

Yağsız yapılan bu kurabiyeler hava geçirmez bir kapta uzun süre saklanır. Lezzet gerçekten artıyor, bu yüzden servis yapmadan önce bunları birkaç gün önce yapmayı planlayın.

3 su bardağı çok amaçlı un

1 1/2 su bardağı mısır nişastası

2 çay kaşığı kabartma tozu

3 büyük yumurta

3 yumurta sarısı

2 yemek kaşığı Marsala, vin santo veya şeri

1 su bardağı şeker

1 su bardağı kuru üzüm

1 su bardağı badem

1/4 su bardağı doğranmış şekerlenmiş portakal kabuğu

1/4 su bardağı doğranmış elma şarabı

1 çay kaşığı anason tohumu

1. Fırını 350°F'ye önceden ısıtın. 2 büyük fırın tepsisini yağlayın.

iki. Orta boy bir kapta un, mısır nişastası ve kabartma tozunu eleyin.

3. Elektrikli karıştırıcılı büyük bir kapta yumurtaları, sarıları ve Marsala'yı çırpın. Şekeri ekleyin ve iyice karışana kadar yaklaşık 3 dakika çırpın. Kuru malzemeleri, kuru üzümleri, bademleri, kabuğu, ağaç kavunu tohumları ve anasonu harmanlanana kadar karıştırın. Hamur sert olacak. Gerekirse, hamuru tezgaha alın ve karışana kadar yoğurun.

Dört. Hamuru dörde bölün. Ellerinizi soğuk suyla nemlendirin ve her çeyreği 10 inçlik bir kütük haline getirin. Boşluk, hazırlanmış fırın tepsilerinde 2 inç aralıklarla günlüğe kaydedilir.

5. Günlükleri 20 dakika veya merkeze bastırıldığında sertleşene ve kenarlarda altın olana kadar pişirin. Günlükleri fırından çıkarın, ancak açık bırakın. Günlükleri fırın tepsilerinde 5 dakika soğumaya bırakın.

6. Günlükleri bir kesme tahtası üzerine kaydırın. Büyük bir şef bıçağı kullanarak 1/2 inç kalınlığında dilimler halinde dilimleyin. Dilimleri fırın tepsisine yerleştirin ve 10 dakika veya hafifçe kızarana kadar pişirin.

7. 2 büyük soğutma rafını hazır bulundurun. Çerezleri raflara aktarın. Tamamen soğumaya bırakın. 2 haftaya kadar hava geçirmez bir kapta saklayın.

cevizli ve limonlu bisküvi

Biscotti al Limone

48 önce

Limon ve badem bu bisküvileri tatlandırır.

1 1/2 su bardağı çok amaçlı un

1 çay kaşığı kabartma tozu

1 1/4 çay kaşığı tuz

1 1/2 su bardağı (1 çubuk) tuzsuz tereyağı, oda sıcaklığında

1 1/2 su bardağı şeker

2 büyük yumurta, oda sıcaklığında

2 çay kaşığı taze rendelenmiş limon kabuğu rendesi

1 su bardağı kavrulmuş badem, iri kıyılmış

1. Fırının ortasına bir raf yerleştirin. Fırını 350°F'ye önceden ısıtın. Büyük bir fırın tepsisini yağlayın ve unlayın.

iki. Bir kapta un, kabartma tozu ve tuzu eleyin.

3. Elektrikli karıştırıcılı büyük bir kapta, tereyağı ve şekeri hafif ve kabarık olana kadar yaklaşık 2 dakika çırpın. Yumurtaları teker teker çırpın. Kauçuk bir spatula ile kasenin içini kazıyarak limon kabuğu rendesini ekleyin. Un karışımını ve fındıkları karışana kadar yavaş yavaş ekleyin.

Dört. Hamuru yarıya böl. Nemli ellerle, hazırlanan fırın tepsisinde her parçayı 12 × 2 inçlik bir kütük haline getirin. 20 dakika veya kütükler hafifçe kızarana ve ortasına bastırıldığında sertleşene kadar pişirin. Tavayı fırından çıkarın, ancak ısıyı kapatmayın. Günlükleri fırın tepsisinde 10 dakika soğumaya bırakın.

5. Günlükleri bir kesme tahtası üzerine kaydırın. Günlükleri 1/2 inç kalınlığında dilimler halinde kesin. Dilimleri fırın

tepsisine dizin. 10 dakika veya kurabiyeler hafifçe kızarana kadar pişirin.

6.2 büyük soğutma rafını hazır bulundurun. Çerezleri raflara aktarın. Tamamen soğumaya bırakın. 2 haftaya kadar hava geçirmez bir kapta saklayın.

cevizli bisküvi

Biscotti di Noce

yaklaşık 80 yıl önce

Zeytinyağı, çok çeşitli tariflerde pişirme için kullanılabilir. Hafif aromalı sızma zeytinyağı kullanın. Pek çok kuruyemiş ve turunçgil çeşidini tamamlar. İşte zeytinyağı ile pişirme üzerine bir Washington Post makalesi için geliştirdiğim bir bisküvi tarifi.

2 fincan çok amaçlı un

1 çay kaşığı kabartma tozu

1 çay kaşığı tuz

2 büyük yumurta, oda sıcaklığında

iki/3 su bardağı şeker

1 1/2 su bardağı sızma zeytinyağı

1 1/2 çay kaşığı limon kabuğu rendesi

2 su bardağı kavrulmuş ceviz (bkz.ceviz nasıl kızartılır ve soyulur)

1. Fırını 325 °F'ye ısıtın. 2 büyük fırın tepsisini yağlayın.

iki. Büyük bir kapta un, kabartma tozu ve tuzu birleştirin.

3. Başka bir büyük kapta yumurta, şeker, yağ ve limon kabuğu rendesini iyice karışana kadar çırpın. Tahta bir kaşıkla kuru malzemeleri sadece karışana kadar ekleyin. Cevizleri ekleyin.

Dört. Hamuru dört parçaya bölün. Parçaları 12 × 11/2 inçlik kütükler halinde şekillendirin ve bunları hazırlanan fırın tepsilerine birkaç inç aralıklarla yerleştirin. 20 ila 25 dakika veya hafif altın rengi olana kadar pişirin. Fırından çıkarın ama kapatmayın. Kurabiyeleri fırın tepsisinde 10 dakika soğumaya bırakın.

5. Günlükleri bir kesme tahtası üzerine kaydırın. Büyük, ağır bir bıçak kullanarak, günlükleri çapraz olarak 1/2 inçlik dilimler halinde dilimleyin. Dilimleri fırın

tepsilerine dizin ve tepsileri tekrar fırına verin. 10 dakika ya da tost ve altın rengi olana kadar pişirin.

6.2 büyük soğutma rafını hazır bulundurun. Çerezleri raflara aktarın. Tamamen soğumaya bırakın. 2 haftaya kadar hava geçirmez bir kapta saklayın.

bademli makarna

amaretti

3 düzine yapar

Güney İtalya'da bunlar hem tatlı hem de acı bademlerin ezilmesiyle yapılır. Belirli bir badem ağacından elde edilen acı bademler Amerika Birleşik Devletleri'nde satılmamaktadır. Ölümcül bir zehir olan siyanüre benzer bir tat bileşenine sahiptirler, bu nedenle ticari kullanım için onaylanmazlar. Doğru tada en yakın olanı ticari badem ezmesi ve biraz badem özüdür. Badem ezmesini, benzer ancak daha yüksek şeker içeriğine sahip olan marzipan ile karıştırmayın. En iyi lezzet için kutularda satılan badem ezmesi satın alın. Bulamazsanız, size bir şey satıp satmadıklarını görmek için yerel fırınınıza danışın.

Bu kurabiyeler yapışıyor, bu yüzden onları Silpat olarak bilinen yapışmaz altlıklarda pişiriyorum. Paspaslar asla yağlanmaya ihtiyaç duymaz, temizlenmesi kolaydır ve tekrar kullanılabilir. Onları iyi mutfak malzemeleri mağazalarında *bulabilirsiniz. Paspaslarınız yoksa, fırın tepsileri parşömen kağıdı veya alüminyum folyo ile kaplanabilir.*

1 kutu (8 ons) badem ezmesi, ufalanmış

1 su bardağı şeker

2 büyük yumurta akı, oda sıcaklığında

1/4 çay kaşığı badem özü

36 şekerlenmiş kiraz veya bütün badem

1. Fırını 350°F'ye önceden ısıtın Parşömen kağıdı veya alüminyum folyo ile 2 büyük fırın tepsisini sıralayın.

iki. Badem ezmesini büyük bir kapta ufalayın. Düşük hızda bir elektrikli karıştırıcı ile şeker karışana kadar ekleyin. Yumurta akı ve badem özünü ekleyin. Hızı orta seviyeye yükseltin ve çok pürüzsüz olana kadar yaklaşık 3 dakika çırpın.

3. Hamurdan 1 yemek kaşığı alıp hafifçe yuvarlayın. Yapışmayı önlemek için gerekirse parmak uçlarını soğuk

suyla nemlendirin. Hazırlanan fırın tepsisine topları bir inç aralıklarla yerleştirin. Hamurun üst kısmına bir kiraz veya badem bastırın.

Dört. 18 ila 20 dakika veya kurabiyeler hafif altın rengi olana kadar pişirin. Fırın tepsisinde kısaca soğumaya bırakın.

5.İnce bir metal spatula kullanarak, çerezleri tamamen soğuması için tel raflara aktarın. Çerezleri hava geçirmez kaplarda saklayın. (Bu kurabiyeleri bir veya iki günden daha uzun süre saklamak istiyorsanız, dokularını yumuşak tutmak için dondurun. Dondurucudan direkt olarak yenilebilirler.)

Çam fıstıklı makarna

Biscotti di Pinoli

40 yıl önce

Yıllar boyunca bu kurabiyelerin birçok varyasyonunu yaptım. Bu versiyon benim favorim çünkü lezzet ve doku için badem ezmesi ve öğütülmüş badem ile yapıldı ve zenginleştirilmiş kızarmış çam fıstığı (pignoli) aromasına sahip.

1 kutu (8 ons) badem ezmesi

1/3 su bardağı ince çekilmiş badem

2 büyük yumurta akı

1 su bardağı pudra şekeri artı süslemek için daha fazlası

2 su bardağı dilimlenmiş çam fıstığı veya badem

1. Fırının ortasına bir raf yerleştirin. Fırını 350°F'ye önceden ısıtın. Büyük bir fırın tepsisini yağlayın.

iki.Büyük bir kapta badem ezmesini ufalayın. Orta hızda bir elektrikli karıştırıcı ile badem, yumurta akı ve 1 su bardağı şekerleme şekerini pürüzsüz olana kadar çırpın.

3.Hamurdan bir yemek kaşığı ayırın. Hamuru çam fıstığının üzerine yuvarlayın, üzerini tamamen kaplayın ve top haline getirin. Topu hazırlanan fırın tepsisine yerleştirin. Topları yaklaşık 1 inç aralıklarla yerleştirerek kalan malzemelerle tekrarlayın.

Dört.18 ila 20 dakika veya hafif altın rengi olana kadar pişirin. Fırın tepsisini soğuması için bir rafa yerleştirin. Kurabiyeleri fırın tepsisinde 2 dakika soğumaya bırakın.

5.Çerezleri tamamen soğuması için tel raflara aktarın. Pudra şekeri serpin. 1 haftaya kadar buzdolabında hava geçirmez bir kapta saklayın.

fındık çubukları

Nocciolate

6 düzine yapar

Bu hassas ve ufalanan çubuklar fındıkla doludur. Zar zor bir arada dururlar ve ağzınızda erirler. Onlara çikolatalı dondurma ile servis yapın.

2 1/3 su bardağı çok amaçlı un

1 1/2 su bardağı kavrulmuş fındık, soyulmuş, ince doğranmış (bkz.ceviz nasıl kızartılır ve soyulur)

1 1/2 su bardağı şeker

1 1/2 çay kaşığı tuz

1 su bardağı (2 çubuk) tuzsuz tereyağı, eritilmiş ve soğutulmuş

1 büyük yumurta artı 1 yumurta sarısı, çırpılmış

1. Fırının ortasına bir raf yerleştirin. Fırını 350°F'ye önceden ısıtın. 15×10×1 inçlik jöle rulo tavasını yağlayın.

iki. Tahta kaşıkla büyük bir kapta un, ceviz, şeker ve tuzu karıştırın. Tereyağını ekleyin ve eşit şekilde nemlenene kadar karıştırın. Yumurtaları ekleyin. İyice karışana ve karışım bir arada tutana kadar karıştırın.

3.Karışımı hazırlanan tavaya dökün. Düzgün bir tabaka halinde sıkıca uygulayın.

Dört.30 dakika veya altın kahverengi olana kadar pişirin. Hala sıcakken 2×1 inçlik dikdörtgenler halinde kesin.

5.10 dakika tavada soğumaya bırakın. Tamamen soğuması için çerezleri büyük raflara aktarın.

Fındıklı Kurabiye

Biscotti di Noce

5 düzine yapar

Fındıklı ve tereyağlı, bu Piedmont hilal kurabiyeleri Noel için mükemmel. Genelde fındıkla yapılıyor olsa da ben ceviz kullanmayı seviyorum. Badem de ikame edilebilir.

Bu kurabiyeler tamamen mutfak robotunda yapılabilir. Eğer yoksa, fındıkları ve şekeri bir blender veya fındık değirmeninde öğütün, ardından kalan malzemeleri elle ekleyin.

1 su bardağı ceviz parçaları

1/3 su bardağı şeker artı kurabiyeleri yuvarlamak için 1 su bardağı daha

2 fincan çok amaçlı un

1 su bardağı (2 çubuk) tuzsuz tereyağı, oda sıcaklığında

1. Fırını 350°F'ye önceden ısıtın. 2 büyük fırın tepsisini yağlayın ve unlayın.

iki. Bir mutfak robotunda, fındıkları ve şekeri birleştirin. Fıstıklar ince kıyılıncaya kadar işleyin. Unu ekleyin ve karışana kadar işleyin.

3. Tereyağını azar azar ekleyin ve karıştırmak için bastırın. Hamuru kalıptan çıkarın ve elinizle sıkın.

Dört. Kalan 1 bardak şekeri sığ bir kaseye dökün. Ceviz büyüklüğünde bir hamur koparıp top haline getirin. Topu, uçlarını sivrilterek hilal şeklinde şekillendirin. Hilal şekerde hafifçe yuvarlayın. Hazırlanan fırın tepsisine hilal yerleştirin. Her bir kurabiyeyi yaklaşık 1 inç arayla yerleştirerek kalan hamur ve şekerle tekrarlayın.

5. 15 dakika veya hafif altın rengi olana kadar pişirin. Fırın tepsilerini 5 dakika soğuması için tel rafların üzerine yerleştirin.

6. Çerezleri tamamen soğuması için tel raflara aktarın. 2 haftaya kadar hava geçirmez bir kapta saklayın.

gökkuşağı kurabiyeleri

bisküvi üç renkli

Yaklaşık 4 düzine yapar

Onları İtalya'da hiç görmemiş olmama rağmen, bu "gökkuşağı" veya çikolatalı buzlanma ile üç renkli kurabiyeler, İtalya'da ve Amerika Birleşik Devletleri'ndeki diğer fırınlarda favoridir. Ne yazık ki, genellikle cafcaflı renklidirler ve kuru ve tatsız olabilirler.

Bu tarifi deneyin ve bu kurabiyelerin ne kadar iyi olabileceğini göreceksiniz. Yapması biraz zahmetli ama sonuçlar çok güzel ve lezzetli. Gıda boyası kullanmamayı tercih ederseniz, kurabiyeler yine de çekici olacaktır. Kolaylık sağlamak için, üç özdeş fırın tepsisine sahip olmak en iyisidir. Ancak, her seferinde bir yığın hamur pişirirseniz, kurabiyeleri sadece bir tavada yapabilirsiniz. Bitmiş kurabiyeler buzdolabında iyi saklanır.

8 ons badem ezmesi

1 1/2 su bardağı (3 çubuk) tuzsuz tereyağı

1 su bardağı şeker

4 büyük yumurta, ayrılmış

1 1/4 çay kaşığı tuz

2 su bardağı ağartılmamış çok amaçlı un

10 damla kırmızı gıda boyası veya tadı (isteğe bağlı)

10 damla yeşil gıda boyası veya tadı (isteğe bağlı)

1 1/2 su bardağı kayısı reçeli

1 1/2 su bardağı çekirdeksiz ahududu reçeli

1 paket (6 ons) yarı tatlı çikolata parçaları

1. Fırını 350°F'ye önceden ısıtın. Üç özdeş 13×9×2 inçlik fırın tepsisini yağlayın. Tepsilere yağlı kağıt serin ve kağıdı yağlayın.

iki. Badem ezmesini büyük bir karıştırma kabına ufalayın. Tereyağı, 1/2 su bardağı şeker, yumurta sarısı ve tuzu ekleyin. Hafif ve kabarık olana kadar çırpın. Unu karışana kadar karıştırın.

3.Başka bir büyük kapta, temiz çırpıcılarla yumurta aklarını orta hızda köpürene kadar çırpın. Kalan şekeri yavaş yavaş ekleyin. Hızı yüksek seviyeye yükseltin. Çırpıcılar kaldırıldığında yumurta akı yumuşak tepeler oluşana kadar çırpmaya devam edin.

Dört. Kauçuk bir spatula kullanarak, inceltmek için beyazların 1/3'ünü sarılı karışıma karıştırın. Kalan yumurta aklarını yavaş yavaş ekleyin.

5.Hamurun 1/3'ünü bir kaseye, 1/3'ünü başka bir kaseye koyun. Gıda boyası kullanıyorsanız, bir kapta kırmızıyı, diğerinde yeşili katlayın.

6.Her bir hamur kasesini ayrı hazırlanmış bir tavaya yayın ve bir spatula ile eşit şekilde düzeltin. Katmanları, kek sertleşene ve kenarları çok açık renkli olana kadar 10 ila 12 dakika pişirin. Tavada 5 dakika soğumaya bırakın, ardından katmanları mumlu kağıdı takılı bırakarak soğutma raflarına kaldırın. Tamamen soğumaya bırakın.

7. Bir katı kaldırmak için kağıdı kullanarak pastayı ters çevirin ve büyük bir tabağa kağıt tarafı yukarı bakacak şekilde yerleştirin. Kağıdı dikkatlice çıkarın. İnce bir tabaka ahududu reçeli ile yayın.

8. İkinci kat kağıdı birincinin üzerine yüzü yukarı bakacak şekilde yerleştirin. Kağıdı çıkarın ve pandispanyayı kayısı reçeli ile yayın.

9. Kalan kat kağıdını üste gelecek şekilde yerleştirin. Kağıdı soyun. Kılavuz olarak büyük, ağır bir bıçak ve cetvel kullanarak, pastanın kenarlarını, katmanlar düz ve her yerde eşit olacak şekilde kesin.

10. Bir çift kazanın veya küçük bir tencerenin alt yarısında kaynamaya yaklaşık 2 inç su getirin. Çikolata parçalarını çift kazanın üst yarısına veya tencerenin üzerine tam oturan ısıya dayanıklı küçük bir kaba koyun. Kabı kaynayan suyun üzerine yerleştirin. Çikolata yumuşayana kadar ağzı açık oturalım. Pürüzsüz olana

kadar karıştırın. Eritilmiş çikolatayı kek katmanlarının üzerine dökün ve bir spatula ile hafifçe yayın. Çikolata donmaya başlayana kadar yaklaşık 30 dakika soğutun. (Çok sert olmasına izin vermeyin yoksa kestiğinizde çatlar.)

on bir. Pastayı buzdolabından çıkarın. Kılavuz olarak bir cetvel veya başka bir cetvel kullanarak, pastayı önce üçe bölüp sonra üçte birini ikiye bölerek uzunlamasına 6 şerit halinde kesin. 5 şerit halinde çapraz olarak kesin. Kesilmiş keki, çikolata sertleşene kadar buzdolabındaki tavada soğutun. Çerezleri hava geçirmez bir kaba servis edin veya aktarın ve buzdolabında saklayın. Bunlar birkaç hafta boyunca iyi kalır.

Noel İncir Kurabiyeleri

cuccidati

18 büyük kurabiye yapar

Bu kurabiyeler olmadan Noel düşünemiyorum. Birçok Sicilyalı için onları yapmak bir aile projesidir. Kadınlar hamuru karıştırır ve yuvarlar, erkekler ise dolgu için malzemeleri doğrar ve öğütür. Çocuklar doldurulmuş kurabiyeleri süsler. Geleneksel olarak kuşlara, yapraklara veya çiçeklere benzeyen birçok fantastik şekle kesilirler. Bazı aileler, arkadaşlarına ve komşularına vermek için düzinelerce yapar.

Hamur

2 1/2 su bardağı çok amaçlı un

1/3 su bardağı şeker

2 çay kaşığı kabartma tozu

1 1/2 çay kaşığı tuz

6 yemek kaşığı tuzsuz tereyağı

2 büyük yumurta, oda sıcaklığında

1 çay kaşığı saf vanilya özü

dolgu

2 su bardağı nemli kuru incir, sapları ayıklanmış

1 1/2 su bardağı kuru üzüm

1 su bardağı kavrulmuş ve kıyılmış ceviz

1 1/2 su bardağı doğranmış yarı tatlı çikolata (yaklaşık 2 ons)

1/3 su bardağı bal

1 1/4 su bardağı portakal suyu

1 çay kaşığı portakal kabuğu rendesi

1 çay kaşığı öğütülmüş tarçın

1/8 çay kaşığı öğütülmüş karanfil

Montaj

1 çay kaşığı su ile çırpılmış 1 yumurta sarısı

renkli şeker serpintileri

1. Hamuru hazırlayın: Büyük bir kapta un, şeker, kabartma tozu ve tuzu birleştirin. Karışım kaba kırıntılara benzeyene kadar bir elektrikli karıştırıcı veya ayaklı karıştırıcı kullanarak tereyağını çırpın.

iki. Bir kapta yumurta ve vanilyayı çırpın. Yumurtaları kuru malzemelere ekleyin, tahta kaşıkla karıştırarak hamur eşit şekilde ıslanıncaya kadar karıştırın. Hamur çok kuru ise, her seferinde birkaç damla biraz soğuk su ile karıştırın.

3. Hamuru bir topun içine toplayın ve bir plastik sargı tabakasına yerleştirin. Bir diske düzleştirin ve iyice sarın. En az 1 saat veya gece boyunca soğutun.

Dört. İç harcı hazırlayın: Bir mutfak robotunda veya kıyma makinesinde incirleri, kuru üzümleri ve cevizleri kabaca doğranana kadar öğütün. Kalan malzemelerle karıştırın. Bir saat içinde kullanılmazsa örtün ve soğutun.

5. Kekleri birleştirmek için fırını 375 °F'ye ısıtın. İki büyük fırın tepsisini yağlayın.

6. Hamuru 6 parçaya kesin. Hafifçe unlanmış bir yüzeyde, her parçayı yaklaşık 4 inç uzunluğunda bir kütüğe yuvarlayın.

7. Unlu bir oklava kullanarak, bir kütüğü 9 × 5 inçlik bir dikdörtgene yuvarlayın. Kenarları kesin.

8. 3/4 inçlik bir dolgu şeridini, haddelenmiş hamurun merkezinin bir tarafına hafifçe uzunlamasına yerleştirin. Hamurun bir uzun kenarını diğerinin üzerine katlayın ve kenarlarını birbirine bastırarak kapatın. Doldurduğunuz hamuru çapraz olarak 3 eşit parçaya kesin.

9. Keskin bir bıçak kullanarak, dolgu ve hamur boyunca 1/2 inç aralıklarla 3/4 inç uzunluğunda yarıklar kesin. Yarıkları açmak ve incir dolgusunu ortaya çıkarmak için

hafifçe kıvırın, kekleri fırın tepsisine bir inç aralıklarla yerleştirin.

10. Hamuru çırpılmış yumurta ile fırçalayın. İstenirse karamel serpin. Malzemelerin geri kalanıyla tekrarlayın.

on bir. Çerezleri 20 ila 25 dakika veya altın kahverengiye kadar pişirin.

12. Tel raflarda serin kurabiyeler. 1 aya kadar buzdolabında hava geçirmez bir kapta saklayın.

kırılgan badem

Croccante veya Torrone

10 ila 12 porsiyon yapar

Sicilyalılar bu tatlıları badem yerine çam fıstığı, antep fıstığı veya susam ile yaparlar. Sıcak şurubu yumuşatmak için limon mükemmeldir.

Sebze yağı

2 su bardağı şeker

1 1/4 bardak bal

2 bardak badem (10 ons)

1 bütün limon, yıkanmış ve kurutulmuş

1. Nötr aromalı bitkisel yağ ile bir mermer yüzeyi veya metal fırın tepsisini fırçalayın.

iki. Orta boy bir tencerede şeker ve balı birleştirin. Orta-düşük ateşte, ara sıra karıştırarak, şeker erimeye başlayana kadar yaklaşık 20 dakika pişirin. Bir kaynamaya getirin ve karıştırmadan 5 dakika daha veya şurup berraklaşana kadar pişirin.

3. Cevizleri ekleyin ve şurup kehribar rengi olana kadar yaklaşık 3 dakika pişirin. Cevizleri tek bir tabaka halinde pürüzsüz hale getirmek için limon kullanarak hazırlanan yüzeye dikkatlice sıcak şurubu dökün. Tamamen soğumaya bırakın. Gevrek soğuduğunda ve sertleştiğinde, yaklaşık 30 dakika sonra, altına ince bir metal spatula sürün. Kırılgan olanı alın ve 1 1/2 inçlik parçalara bölün. Hava geçirmez kaplarda oda sıcaklığında saklayın.

Sicilya Cevizli Rulolar

Mostaccioli

64 kurabiye yapar

Bu kurabiyelerin Mosto cotto, konsantre üzüm suyu ile yapıldığı bir zaman vardı. Bugün aşçılar bal kullanır.

Hamur

3 su bardağı çok amaçlı un

1 1/2 su bardağı şeker

1 çay kaşığı tuz

1 1/2 su bardağı sebze kısaltma

4 yemek kaşığı (1/2 çubuk) tuzsuz tereyağı, oda sıcaklığında

2 büyük yumurta

2 ila 3 yemek kaşığı soğuk süt

dolgu

1 su bardağı kavrulmuş badem

1 su bardağı kavrulmuş ceviz

1 1/2 su bardağı kavrulmuş ve kabuksuz fındık

1 1/4 su bardağı şeker

1 1/4 bardak bal

2 çay kaşığı portakal kabuğu rendesi

1 1/4 çay kaşığı öğütülmüş tarçın

şekerleme şekeri

1. Büyük bir kapta un, şeker ve tuzu birleştirin. Karışım kaba kırıntılara benzeyene kadar kısaltma ve tereyağını kesin.

iki. Küçük bir kapta yumurtaları iki yemek kaşığı sütle çırpın. Karışımı kuru malzemelere ekleyin, meyilli eşit şekilde nemlenene kadar karıştırın. Gerekirse, biraz daha sütle karıştırın.

3. Hamuru bir topun içine toplayın ve bir plastik sargı tabakasına yerleştirin. Bir diske düzleştirin ve iyice sarın. 1 saatten geceye kadar soğutun.

Dört. Fındıkları ve şekeri bir mutfak robotunda işleyin. İyi olana kadar işlem yapın. Bal, lezzet ve tarçın ekleyin ve birleştirilene kadar işleyin. Fırını 350°F'ye önceden ısıtın. 2 büyük fırın tepsisini yağlayın.

5. Hamuru 4 parçaya bölün. Biraz daha büyük 8 inçlik bir kare oluşturmak için iki plastik sargı arasına bir parça yayın. Kenarları kesin ve hamuru 2 inç kareler halinde kesin. Her karenin bir kenarına dolgudan bir çay kaşığı dökün. Dolguyu tamamen kapatmak için hamuru yuvarlayın. Dikiş tarafı alta gelecek şekilde fırın tepsisine yerleştirin. Çerezleri bir inç arayla yerleştirerek kalan hamur ve doldurma ile tekrarlayın.

6. 18 dakika veya kurabiyeler hafif altın rengi olana kadar pişirin. Çerezleri soğuması için tel raflara aktarın. 2 haftaya kadar sıkıca kapalı bir kapta saklayın. Servis yapmadan önce pudra şekeri serpin.

Bisküvi

İspanyol ekmeği

İki 8 veya 9 inç katman yapar

Bu klasik ve çok yönlü İtalyan pastası, meyve konserveleri, çırpılmış krema, pasta kreması, dondurma veya ricotta kreması gibi dolgularla iyi çalışır. Pasta da iyi donar, bu nedenle hızlı tatlılar için elinizin altında olması uygundur.

Tava için tereyağı

6 büyük yumurta, oda sıcaklığında

iki/3 su bardağı şeker

1 1/2 çay kaşığı saf vanilya özü

1 su bardağı çok amaçlı un elenmiş

1. Rafı fırının ortasına yerleştirin. Fırını 375 °F'ye önceden ısıtın. İki adet 8 veya 9 inçlik kek kalıbını yağlayın. Tavaların diplerini mumlu kağıt veya parşömen kağıdı

daireleriyle hizalayın. Kağıdı yağlayın. Tavaları unla tozlayın ve fazlalığı hafifçe vurun.

iki. Elektrikli mikserli büyük bir kapta yumurtaları düşük hızda çırpmaya başlayın. Yavaş yavaş şekeri ekleyin, mikserin hızını kademeli olarak yükseltin. Vanilyayı ekleyin. Yumurtaları kalın ve açık sarı olana kadar yaklaşık 7 dakika çırpın.

3.Unu ince gözenekli bir süzgecin içine koyun. Unun yaklaşık üçte birini yumurta karışımının üzerine sallayın. Unu yavaş yavaş ve çok yumuşak bir şekilde kauçuk bir spatula ile ekleyin. Unu 2 seferde ekleyerek ve hiçbir iz kalmayana kadar katlayarak tekrarlayın.

Dört. Hamuru hazırlanan tavalara eşit olarak yayın. 20 ila 25 dakika veya kekler ortaya hafifçe bastırıldığında geri dönene ve üst kısımlar hafifçe kızarana kadar pişirin. 2 soğutma rafını hazır bulundurun. Kekleri 10 dakika tavada tel raflarda soğutun.

5.Kekleri raflara ters çevirin ve tavaları çıkarın. Kağıdı dikkatlice çıkarın. Tamamen soğumaya bırakın. Hemen servis yapın veya ters çevrilmiş bir kase ile örtün ve 2 güne kadar oda sıcaklığında saklayın.

narenciye keki

agrumi kek

10'dan 12'ye kadar hizmet verir

Zeytinyağı bu keke kendine özgü bir tat ve doku verir. Hafif bir zeytinyağı kullanın, yoksa lezzet müdahaleci olabilir. Tereyağı, süt veya diğer süt ürünleri içermediği için bu kek, bu yiyecekleri yiyemeyen insanlar için iyidir.

Bu çok hafif ve havadar olmasına rağmen harika bir pasta. Bunu pişirmek için, melek maması keklerinde kullanılan türden, çıkarılabilir tabanlı 10 inçlik bir tüp tavaya ihtiyacınız olacak.

Çoğu süpermarketin baharat bölümünde bulunan küçük bir tartar kreması, bu harika pastadaki yumurta beyazlarını stabilize etmeye yardımcı olur.

2 1/4 su bardağı sade kek unu (kendiliğinden kabarmayan)

1 yemek kaşığı kabartma tozu

1 çay kaşığı tuz

6 büyük yumurta, ayrılmış, oda sıcaklığında

1 1/4 su bardağı şeker

1 1/2 çay kaşığı portakal kabuğu rendesi

1 1/2 çay kaşığı rendelenmiş limon kabuğu rendesi

3 1/4 su bardağı taze sıkılmış portakal suyu

1 1/2 su bardağı sızma zeytinyağı

1 çay kaşığı saf vanilya özü

1/4 çay kaşığı krem tartar

1. Fırın rafını fırının alt üçte birlik kısmına yerleştirin. Fırını 325 °F'ye önceden ısıtın. Büyük bir kapta un, kabartma tozu ve tuzu eleyin.

iki. Elektrikli karıştırıcılı büyük bir kapta yumurta sarısı, 1 su bardağı şeker, portakal ve limon kabuğu rendesi, portakal suyu, yağ ve vanilya özünü pürüzsüz olana kadar yaklaşık 5 dakika çırpın. Kauçuk bir spatula kullanarak sıvıyı kuru malzemelere katlayın.

3. Temiz çırpıcılara sahip başka bir büyük kapta, yumurta aklarını orta hızda köpürene kadar çırpın. Yavaş yavaş kalan 1/4 su bardağı şeker ve tartar kremasını ekleyin. Hızı yüksek seviyeye yükseltin. Çırpıcılar yükseltildiğinde yumuşak tepe noktaları oluşana kadar çırpın, yaklaşık 5 dakika. Yumurta aklarını hamura ekleyin.

Dört. Hamuru, çıkarılabilir bir tabana sahip yağsız 10 inçlik bir tüp tavaya kazıyın. 55 dakika ya da kek altın rengi olana ve ortasına batırdığınız kürdan temiz çıkana kadar pişirin.

5. Tavayı bir soğutma rafına baş aşağı yerleştirin ve kekin tamamen soğumasını bekleyin. Keki gevşetmek için kalıbın iç kısmına ince uçlu bir bıçak sürün. Keki ve kalıbın altını çıkarın. Bıçağı kekin altına kaydırın ve tavanın altını çıkarın. Derhal servis yapın veya baş aşağı bir kapla örtün ve 2 güne kadar oda sıcaklığında saklayın.

Limonlu ve zeytinyağlı kek

Limonlu Kek

8 porsiyon yapar

Puglia'dan her zaman elinizin altında olması keyifli bir limonlu kek.

1 1/2 su bardağı sade kek unu (kendiliğinden kabarmayan)

1 1/2 çay kaşığı kabartma tozu

1 1/2 çay kaşığı tuz

3 büyük yumurta, oda sıcaklığında

1 su bardağı şeker

1/3 su bardağı zeytinyağı

1 çay kaşığı saf vanilya özü

1 çay kaşığı limon kabuğu rendesi

1 1/4 su bardağı taze sıkılmış limon suyu

1. Rafı fırının alt üçte birlik bölümüne yerleştirin. Fırını 350°F'ye önceden ısıtın. 9 inçlik yaylı kalıbı yağlayın.

iki. Büyük bir kapta un, kabartma tozu ve tuzu birlikte eleyin.

3. Yumurtaları büyük bir elektrikli karıştırıcı kasesine kırın. Orta hızda kalın ve açık sarıya kadar yaklaşık 5 dakika çırpın. Yavaş yavaş şekeri ekleyip 3 dakika daha çırpın. Yağı yavaş yavaş ekleyin. Bir dakika daha çırpın. Vanilya ve limon kabuğu rendesini ekleyin.

Dört. Kauçuk bir spatula kullanarak, kuru malzemeleri üç eklemede, iki eklemede limon suyuyla dönüşümlü olarak ekleyin.

5. Hamuru hazırlanan tavaya kazıyın. 35 ila 40 dakika veya kek altın kahverengi olana ve ortasına bastırıldığında geri dönene kadar pişirin.

6. Tavayı bir tel rafın üzerine ters çevirin. Tamamen soğumaya bırakın. Dış kenarın etrafına bir bıçak sürün ve

çıkarın. Derhal servis yapın veya baş aşağı bir kapla örtün ve 2 güne kadar oda sıcaklığında saklayın.

mermer kek

marmorata keki

8 ila 10 porsiyon yapar

İtalya'da kahvaltıya pek dikkat edilmez. Yumurta ve mısır gevreği nadiren yenir ve çoğu İtalyan kahve ve tost ya da belki bir ya da iki bisküvi ile idare eder. Otel kahvaltıları genellikle zengin soğuk etler, peynirler, meyveler, yumurtalar, yoğurtlar, ekmekler ve hamur işleri ile yabancı tatları fazlasıyla karşılamaktadır. Venedik'te bir otelde, pasta standında gururla sergilenen, en sevdiğim pastalardan biri olan muhteşem bir mermer pasta gördüm. Bir fincan kapuçino ile harika bir şeydi ve çay saatinde olduğu gibi bundan zevk alabilirdi. Garson, pastanın özel olduğu yerel bir fırından her gün taze olarak teslim edildiğini söyledi. Bu benim Venedik'tekinden ilham aldığım versiyonum.

1 1/2 su bardağı sade kek unu (kendiliğinden kabarmayan)

1 1/2 çay kaşığı kabartma tozu

1 1/2 çay kaşığı tuz

3 büyük yumurta, oda sıcaklığında

1 su bardağı şeker

1 1/2 su bardağı bitkisel yağ

1 çay kaşığı saf vanilya özü

1/4 çay kaşığı badem özü

1 1/2 su bardağı süt

2 ons acı tatlı veya yarı tatlı çikolata, eritilmiş ve soğutulmuş

1. Fırın rafını fırının en alt üçte birlik bölümüne yerleştirin. Fırını 325 °F'ye önceden ısıtın. 10 inçlik bir tüp tavayı yağlayın ve unlayın ve fazla unu silkeleyin.

iki. Büyük bir kapta un, kabartma tozu ve tuzu birlikte eleyin.

3. Başka bir büyük kapta, elektrikli bir karıştırıcı kullanarak yumurtaları orta hızda koyu ve açık sarı olana kadar

yaklaşık 5 dakika çırpın. Yavaş yavaş, bir seferde bir yemek kaşığı şeker ekleyin. 2 dakika daha çırpmaya devam edin.

Dört. Yavaş yavaş yağı ve özleri ekleyin. Unu 3 seferde, dönüşümlü olarak iki seferde de sütü ilave edin.

5. Hamurdan yaklaşık 1 1/2 su bardağı çıkarın ve küçük bir kaseye koyun. Kenara koyun. Kalan meyilli hazırlanan tavaya kazıyın.

6. Eritilmiş çikolatayı ayrılmış hamura katlayın. Tavadaki hamurun üzerine büyük kaşık çikolatalı hamur koyun. Hamuru döndürmek için, ucu aşağı gelecek şekilde bir sofra bıçağı tutun. Bıçağın ucunu hamurun içine sokun, tepsinin etrafında en az 2 kez nazikçe çevirin.

7. 40 dakika ya da kek altın rengi olana ve ortasına batırdığınız kürdan temiz çıkana kadar pişirin. 10 dakika rafta soğumaya bırakın.

8. Pastayı rafa ters çevirin ve tavayı çıkarın. Pastayı sağ tarafı yukarı bakacak şekilde başka bir rafa çevirin.

Tamamen soğumaya bırakın. Hemen servis yapın veya ters çevrilmiş bir kase ile örtün ve 2 güne kadar oda sıcaklığında saklayın.

Romlu kek

baba ve rhum

8 ila 10 porsiyon yapar

Popüler bir hikayeye göre bu pasta, Polonyalı bir mayalı pasta olan babkasını çok kuru bulan ve üzerine bir bardak rom döken Polonyalı bir kral tarafından icat edildi. Yaratılışına Binbir Gece Masalları'ndan Ali Baba'nın onuruna baba adı verildi. Napoli'de nasıl popüler hale geldiği kesin olarak bilinmemekle birlikte bir süredir böyle.

Kabartma tozu yerine maya ile fermente edildiğinden, balçık, rom şurubunu emmek için mükemmel olan süngerimsi bir dokuya sahiptir. Bazı versiyonlar minyatür kek kalıplarında pişirilirken, diğerleri muhallebi dolguludur. Yanında çilek ve krem şanti ile servis etmeyi seviyorum; Tipik değil, ama lezzetli ve hoş bir sunum yapıyor.

1 paket (2 1/2 çay kaşığı) aktif kuru maya veya instant maya

1 1/4 su bardağı ılık süt (100° ila 110°F)

6 büyük yumurta

2 2/3 su bardağı çok amaçlı un

3 kaşık şeker

1 1/2 çay kaşığı tuz

3/4 su bardağı (1 1/2 çubuk) tuzsuz tereyağı, oda sıcaklığında

Şurup

2 su bardağı şeker

2 su bardağı su

2 (2 inç) şerit limon kabuğu rendesi

1 1/4 bardak rom

1. 10 inçlik bir tüp tavasını yağlayın.

iki. Mayayı ılık sütün üzerine serpin. Yaklaşık 1 dakika kremsi olana kadar bekletin, sonra eriyene kadar karıştırın.

3. Büyük karıştırma kabında, orta hızda elektrikli karıştırıcı ile yumurtaları köpürene kadar yaklaşık 1 dakika çırpın. Un, şeker ve tuzu birlikte çırpın. Maya ve tereyağını ekleyin ve iyice karışana kadar yaklaşık 2 dakika çırpın.

Dört. Hamuru hazırlanan tavaya kazıyın. Plastik sargıyla örtün ve ılık bir yerde 1 saat veya hamur hacmi iki katına çıkana kadar dinlenmeye bırakın.

5. Fırının ortasına bir raf yerleştirin. Fırını 400°F'ye önceden ısıtın. 30 dakika veya altın kahverengi ve ortasına batırdığınız kürdan temiz çıkana kadar pişirin.

6. Keki soğuması için tel ızgara üzerine ters çevirin. Tavayı çıkarın ve 10 dakika soğumaya bırakın.

7. Şurubu yapmak için orta boy bir tencerede şeker, su ve limon kabuğu rendesini birleştirin. Karışımı kaynatın ve şeker eriyene kadar yaklaşık 2 dakika karıştırın. Limon kabuğu rendesini çıkarın. Romu ekleyin. 1/4 bardak şurup ayırın.

8. Pastayı tavaya geri koyun. Bir çatalla, yüzeyin her yerinde delikler açın. İkisi de sıcakken şerbeti yavaş yavaş kekin üzerine dökün. Tavada tamamen soğumaya bırakın.

9. Servis yapmadan hemen önce keki servis tabağına ters çevirin ve kalan şerbeti üzerine gezdirin. Hemen servis yapın. Ters çevrilmiş bir kap ile kapalı olarak oda sıcaklığında 2 güne kadar saklayın.

büyükanne pastası

olmayan kek

8 porsiyon yapar

Torta della nonna denilen bu tarifi tartların yanına mı keklerin yanına mı koyayım karar veremedim; ancak, Toskanalar buna torta dediği için, onu tortalara dahil ediyorum. Kalın bir pasta kreması ile doldurulmuş iki kat hamurdan oluşur. Büyükannem kim icat etti bilmiyorum ama pastasını herkes çok seviyor. Bazıları limon aromalı olan birçok varyasyon vardır.

1 su bardağı süt

3 büyük yumurta sarısı

1/3 su bardağı şeker

1 1/2 çay kaşığı saf vanilya özü

2 yemek kaşığı çok amaçlı un

2 yemek kaşığı portakal likörü veya rom

Hamur

1 2/3 su bardağı çok amaçlı un

1 1/2 su bardağı şeker

1 çay kaşığı kabartma tozu

1 1/2 çay kaşığı tuz

1 1/2 su bardağı (1 çubuk) tuzsuz tereyağı, oda sıcaklığında

1 büyük yumurta, hafifçe dövülmüş

1 çay kaşığı saf vanilya özü

1 çay kaşığı su ile çırpılmış 1 yumurta sarısı, çırpılmış yumurta için

2 yemek kaşığı çam fıstığı

şekerleme şekeri

1. Orta boy bir tencerede sütü kenarlarda kabarcıklar oluşana kadar kısık ateşte ısıtın. Ateşten uzaklaştırın.

iki. Orta boy bir kapta yumurta sarısı, şeker ve vanilyayı uçuk sarı olana kadar yaklaşık 5 dakika çırpın. Unu ekleyin. Sıcak sütü azar azar ekleyerek sürekli çırpın. Karışımı tencereye aktarın ve orta ateşte sürekli karıştırarak kaynayana kadar pişirin. Isıyı azaltın ve 1 dakika pişirin. Karışımı bir kaseye dökün. Likörü ekleyin. Bir kabuğun oluşmasını önlemek için doğrudan muhallebinin üzerine bir parça plastik sargı yerleştirin. 1 saatten geceye kadar soğutun.

3. Rafı fırının ortasına yerleştirin. Fırını 350°F'ye önceden ısıtın. 9×2 inçlik yuvarlak kek kalıbını yağlayın.

Dört. Hamuru hazırlayın: Büyük bir kapta un, şeker, kabartma tozu ve tuzu karıştırın. Bir stand mikseri kullanarak, karışım kaba kırıntılara benzeyene kadar tereyağı ekleyin. Yumurta ve vanilyayı ekleyip hamur kıvamına gelene kadar karıştırın. Hamuru yarıya böl.

5. Hazırladığınız tepsinin tabanına harcın yarısını eşit şekilde yayın. Hamuru tavanın altına ve 1/2 inç yukarı

taraflara bastırın. Soğutulmuş muhallebiyi hamurun ortasına yayın, kenarda 1 inçlik bir kenarlık bırakın.

6. Hafifçe unlanmış bir yüzeyde, kalan hamuru 9 1/2 inçlik bir daireye yuvarlayın. Hamuru dolgunun üzerine yerleştirin. Kapatmak için hamurun kenarlarına bastırın. Kekin üzerine çırpılmış yumurta sürün. Çam fıstığı ile serpin. Küçük bir bıçak kullanarak, buharın çıkmasını sağlamak için üst kısımda birkaç kesim yapın.

7. 35 ila 40 dakika veya üstte altın kahverengi olana kadar pişirin. 10 dakika boyunca bir raf üzerinde tavada soğumaya bırakın.

8. Pastayı tel ızgara üzerine ters çevirin, ardından tamamen soğuması için başka bir tel rafa ters çevirin. Servis yapmadan önce pudra şekeri serpin. Hemen servis yapın veya pastayı plastiğe sarın ve 8 saate kadar soğutun. Sarın ve buzdolabında saklayın.

Kayısı ve bademli kek

Albicocche ve Mandorle Kek

8 porsiyon yapar

Kayısı ve badem çok uyumlu tatlardır. Taze kayısı bulamıyorsanız, yerine şeftali veya nektarin koyun.

İlave

iki/3 su bardağı şeker

11/4 su bardağı su

12 ila 14 kayısı veya 6 ila 8 şeftali, yarıya bölünmüş, çekirdeksiz ve 1/4 inç kalınlığında dilimlenmiş

Turta

1 fincan çok amaçlı un

1 çay kaşığı kabartma tozu

11/2 çay kaşığı tuz

1 1/2 su bardağı badem ezmesi

2 yemek kaşığı tuzsuz tereyağı

iki/3 su bardağı şeker

1 1/2 çay kaşığı saf vanilya özü

2 büyük yumurta

iki 1/3 su bardağı süt

1. Sosu hazırlayın: Şekeri ve suyu küçük, ağır bir tencereye koyun. Orta ateşte, ara sıra karıştırarak, şeker tamamen eriyene kadar yaklaşık 3 dakika pişirin. Karışım kaynamaya başlayınca karıştırmayı bırakın ve şurup kenarları kahverengileşmeye başlayana kadar pişirin. Ardından, şurup tekdüze altın kahverengi bir renk olana kadar, yaklaşık 2 dakika daha tavayı hafifçe sallayın.

iki. Elinizi bir tutacakla koruyarak karameli hemen 9×2 inçlik yuvarlak kek kalıbına dökün. Tabanı eşit şekilde kaplamak için tavayı eğin. Karamelin ayarlanana kadar soğumasını bekleyin, yaklaşık 5 dakika.

3.Fırın rafını fırının ortasına yerleştirin. Fırını 350 ° F'ye önceden ısıtın. Dilimlenmiş meyveleri hafifçe üst üste gelecek şekilde karamelin üzerine daireler halinde yerleştirin.

Dört. Un, kabartma tozu ve tuzu bir parça yağlı kağıt üzerinde ince gözenekli bir süzgeçte birleştirin. Kuru malzemeleri kağıdın üzerine eleyin.

5.Büyük bir elektrikli karıştırıcı kasesinde badem ezmesi, tereyağı, şeker ve vanilyayı kabarık olana kadar yaklaşık 4 dakika çırpın. Yumurtaları birer birer kasenin kenarlarını kazıyarak çırpın. Pürüzsüz ve iyice karışana kadar çırpmaya devam edin, yaklaşık 4 dakika daha.

6.Karıştırıcı düşük hızdayken, un karışımının 1/3'ünü ekleyin. Sütün 1/3'ünü ekleyin. Kalan un karışımını ve sütü aynı şekilde unla biten iki eklemede daha ekleyin. Pürüzsüz olana kadar karıştırın.

7.Meyvenin üzerine hamur dökün. 40 ila 45 dakika ya da kek altın rengi olana ve ortasına batırdığınız kürdan temiz çıkana kadar pişirin.

8. Kek tavada tel ızgara üzerinde 10 dakika soğumaya bırakın. Tencerenin iç kısmına ince bir metal spatula sürün. Pastayı servis tabağına ters çevirin (meyveler üstte olacak) ve servis yapmadan önce tamamen soğutun. Hemen servis yapın veya ters çevrilmiş bir kase ile örtün ve 24 saate kadar oda sıcaklığında saklayın.

yaz meyveli tart

Torta dell'Estate

8 porsiyon yapar

Erik, kayısı, şeftali ve nektarin gibi yumuşak çekirdekli meyveler bu kek için idealdir. Meyve karışımıyla yapmayı deneyin.

12 ila 16 kuru erik veya kayısı veya 6 orta boy şeftali veya nektarin, yarıya bölünmüş, çekirdeksiz ve 1/2 inçlik dilimler halinde kesilmiş

1 fincan çok amaçlı un

1 çay kaşığı kabartma tozu

1 1/2 çay kaşığı tuz

1 1/2 su bardağı (1 çubuk) tuzsuz tereyağı, oda sıcaklığında

iki/3 su bardağı artı 2 yemek kaşığı şeker

1 büyük yumurta

1 çay kaşığı limon kabuğu rendesi

1 çay kaşığı saf vanilya özü

şekerleme şekeri

1. Rafı fırının ortasına yerleştirin. Fırını 350°F'ye önceden ısıtın. 9 inçlik yaylı kalıbı yağlayın.

iki.Büyük bir kapta un, kabartma tozu ve tuzu karıştırın.

3. Başka bir büyük kapta, 2/3 bardak şekerle tereyağını hafif ve kabarık olana kadar yaklaşık 3 dakika çırpın. Yumurta, limon kabuğu rendesi ve vanilyayı pürüzsüz olana kadar çırpın. Kuru malzemeleri ekleyin ve sadece birleştirilene kadar yaklaşık 1 dakika daha karıştırın.

Dört. Hamuru hazırlanan tavaya kazıyın. Meyveleri hafifçe üst üste gelecek şekilde eşmerkezli daireler halinde düzenleyin. Kalan 2 yemek kaşığı şeker serpin.

5. 45 ila 50 dakika ya da kek altın rengi olana ve ortasına batırdığınız kürdan temiz çıkana kadar pişirin.

6. Keki tel ızgara üzerinde 10 dakika soğumaya bırakın, ardından kalıbın kenarını çıkarın. Pastayı tamamen soğumaya bırakın. Servis yapmadan önce pudra şekeri serpin. Hemen servis yapın veya baş aşağı bir kapla örtün ve 24 saate kadar oda sıcaklığında saklayın.

CPSIA information can be obtained
at www.ICGtesting.com
Printed in the USA
BVHW060226200722
642495BV00009B/628